JN262046

倫幸

ワイオ理論と神界

上志満 昌伯
Kamishima Shohaku

たま出版

はじめに

本書は、全世界人類の真の幸福《こうふく》を願って、生涯をかけてこの世に送り出した、宇宙物理学者、小笠原慎吾先生のワイオ理論を、一日でも早く、一人でも多くの人々に知っていただき、幸福への手がかり、足がかりとしていただきたく、出版されました。

ワイオ理論とは、二千五百年単位で変わる宇宙の法則を、科学的実験を積み重ねて、理論として完成させたものです。

その理論を端的に申しますと、「人間の幸、不幸の結果には、原因が八段階に働いており、その一番始めの根元の原因が、宇宙の二千五百年単位で変わる法則である。その法則と、法則を動かすエネルギーが、平成二十二年二月七日から新しい法則に変わり、人間の幸、不幸に関わるすべての分野において、人類が今までの二千五百年間の歴史で体験していない激変が起こる」という理論です。

理論の内容は、現在の常識から判断すれば荒唐無稽であり、奇想天外と思われる方も少なくないでしょうが、事実は小説より奇なりとも申します。

今、必要なことは、この理論が本当に人類の幸福のために、現実に役立つ力を持っているか否かの確認であります。

私どもは、当然ながら、その力を学び、確認できたからこそ、一日も早く、一人でも多くの人々にこの理論を伝えなければと思い、各地でセミナーも開催しております。

明治元年から始まり、今日《こんにち》まで続いている《祖》時代のエネルギーの減少が、まず神界に影響を与え出し、そのため、特にわれわれワイオ理論に深く関わる者たちには、平成十五年七月より、新しい《皇《おう》》時代創造への役割を持った神々との直接交流が始まりました。

この交流が、理論の確かな証明となり、われわれの理論に対する信頼は、不動のものとなりました。理論で伝えていくことは、一個人の、また一国の幸、不幸の問題だけではなく、広く全世界人類に関わる重大な問題なのです。

時は、祖の常識破壊のために、間もなく大天変地異（全国に起こる直下型大地震、二十七カ所の噴火、津波）として始まります。破壊の本当の目的、さらに破壊の後にすぐ始まる具体的な創造の方法を、早急に伝えていかなければなりません。

創造とは、個人の新しい宇宙のルールによる幸奮の創造であり、世界全体の世の中（地上天国）の創造です。

目次

第三章　魂結《たまむす》び 120

第一章　ワイオ理論とは何か

ワイオの意味

◎ワ

この字を解析すると、「｜」動く、「二」地上、「ノ」生命エネルギー、となる。すなわち、宇宙の法則が地上において生命エネルギーとして働き、宇宙の存在のすべてが法則を基に現象化している、という意味を表す。その法則が地球の生きる人間にどのように働き、影響を与えているかを解明した。

◎イ（人）

この字を解析すると、「ノ」生命エネルギー、「＼」物質エネルギー、となる。生命エネルギーと物質エネルギーによってすべての人（ウイルスから神仏まで）は生きている。すべての人の働き、役割を解明した。ちなみに、役割とは人間、動物、植物、鉱物、自然界にどのような影響を与えているかである。

◎オ

この字を解析すると、「二」地上に、「亅」地上の物質エネルギーを動かすエネルギーが交差して、「ノ」生命エネルギーが発生する。

人間が生きていく地上、その土地、土地のエネルギーは（＋）と（－）と（0）に分けられる。

（＋）は動く、導くエネルギー（学校、神社、教育施設）

（－）は造るエネルギー（工場、農地、山林）

（0）は生命エネルギー（人間が眠る場所）

それらの物質エネルギーが人間に与える影響を解明した。

この移行期、土地のエネルギーは祖──→皇に変化している。

農地の作物は皇のエネルギーの作物に変わっていく。

住宅はゼロのエネルギーの土地だけに建てられていく。

エネルギーの低い場所は無成仏靈のたまり場となる。

人生の目的は結果（幸冨）を得ること

◎結果とは——

1）龠《やく》→樂、楽、喜、嘉

樂→一人でいてもいつも樂しい状態。

楽→精心的に何もの（肉躰・対人・お金）にも縛られず、自由であること。

喜→毎日の生活の中に喜びがあること。

嘉→自分の喜びが他者にとっても喜びであること。

2）幸→壮、健、和、冨

壮→自分に何が起こっても、心が安定していること。

健→いつも健康で元気な状態。

和→すべての人（ウイルスから神まで）との間に争いがないこと。病原ウイルスとの争いなく、蚊にも刺されず、犬にも吠えられず、他国との戦いなく、神（宗教）との争いもないこと。

冨→「福」とは、地上で生きていく上に必要な〈物〉を、これから造るという意味。「冨」とは、地上で生きていく上に必要な物をいつでも使えるように、すでに抱え込んだ状態。

3）若→濆《ふん》、華、煇《やく》、貴

濆→生きる、造る、動くエネルギーが十分あること。

華→華やかなこと。

煇→心が燃えていること。

貴→貴品があること。

4）寿→廊、恵、友、援

廊→いつも変わらない状態（老化しない）。

恵→求めて行動しなくても、自然に必要な時に与えられること。

友→見える世界にも、見えない世界にも親友がいること。

援→いつでも必要な援助が受けられること。

5）愛→圏、優、方、季

圏→一個人、一地域から全世界的な広範囲まで（自己愛→家族愛→郷土愛→祖国愛→人類愛）の愛。

優→弱い者、苦しむ者、悩む者に対し、自立に向かって労《いたわ》ること。アドバイスすること。

方→身内、他人の差なく、人種の差別なく、宗教の差別なく、国、民族の差別なく、どの方々にも愛を。

季↓地上に存在するすべての生命体、被生命体（鉱物・物質・物品）自然のつくった子ども）に対しての愛。

6）戀《こい》↓圏、明、毎、弁

圏↓ある一定の狭い範囲。

明↓明けても暮れても（昼も夜も）。

毎↓今日も明日も明後日も、毎日。

弁↓一日の時間を細かく区切っても、この人だけ、このことだけ、この物だけを思い考えていること。

7）金↓商、舟、辨《べん》、委

商↓物事のやり取りに必要な働き。

舟↓目的に向かっての行動に必要な働き。

辨↓いくつかに分けて使う働き。

委↓他者に委託する働き。

8）財↓余、予、与、支

余↓金、物が余っている状態。

予↓時間的にゆとりのあること。

与↓与えることのできる状態。

支→支えてやることのできる状態。

以上、人生の目的は、八項目において、その人が必要とする時に、努力なく、苦労なく、自然が与えてくれるものである。

「樂」は、他者に迷惑をかけない、他者の犠牲の上に成り立つものではないこと。

「嘉」は、動物より進化した人間としての本質的よろこびであること。

「匐」は、今までの時代はルールとして許されなかった。

「若」は、若者のあり余るエネルギーで暴走するもののようなエネルギーではないこと。

「廊」は、自然界の動物を見れば明らかなように、年と共に老化しない状態で寿命を生きることができている。われわれ人間も、ようやく自然の動物なみに四十歳以上、老化しない法則とエネルギーが働く。

「愛」は、今までの時代、極めて限定された狭い範囲に限られていたために、宗教界、精神界において常に愛の必要性が叫ばれていた。叫ばれ続けていたということは、いかに愛が、世の中において、個人生活において、満たされていなかったかということである。

子どもの時代、段階での愛は、親、先祖、神仏に守護され導かれる。

大人として自立する時代、段階での愛は、他者の自立のためのアドバイスの愛となる。

決して、安易に手助けしてはならない。自立を妨げる愛はルール違反となり、自然界から罰を受ける。手助けした相手から恨まれることになる。

したがって、ボランティア精心、親切心の強い人は要注意。相手の状態を十分知った上での行為でなければならない。ワイオの存在を知らせてやるのが、最も適切な愛の表現である。

「戀」は、恋愛感情の対人関係だけではなく、ある物事に夢中になること。魂、靈、靈体、幽体の思いを、精心的、肉躰的に必要なものを結びつけることを常に思っていることである。

何かに夢中になることの〝何か〟は、魂に記録してある。自分が好きで、樂しく、嘉びのある毎日の生活が、戀をしている状態の充実した人生である。

「金」は、自然界における動植物の命の水であり、肉躰における血液であり、世の中で生きる人間にとって水であり、血液である。

「財」は、精心的、時間的、物質的、恵貺的余裕であるが、今までの時代のように、多くの余裕は誰も望まなくなり、必要な余裕は誰もが容易に得られる。

以上、八項目の人生の目的の結果を得ることは、二千五百年の歴史の中で世界人類の誰一人として得られなかったことである。

しかしながら、この地上で最も進化した動物である人間、その人間をはるかに超えた神、仏の守護を、導きを受けながら、実現していないのはなぜなのか？

その原因を、理由を根底から科学的に究明したのが、ワイオ理論である。

ワイオ理論の結論から言えば、地上においては平成二十二年二月七日（神界においては明治元年）から始まった、今まで二千五百年間続いた宇宙の法則（ルール）の変化によって、全世界のすべての人々が特別な努力なく、容易に八項目の結果を得られるように進んでいくのである。

結果を得るのに必要なことは、唯一、新しい法則によって日々生活することだけである。今までの古い法則によって常識となっている生活の在り方、世の中の仕組みなどによっては、われわれの望む結果は決して得られない。

◎侖

宇宙のすべての存在の基になる、生きる、造る、動く、の基になる法則（ルール）のこと。

◎然

法則の基に多くの動植物が地上に働き、その働きによって地上で人が何かを造る。造ったものは禾《わ》、者、品、物の四段階を経て消えていく、という意味。

◎自然

自分に関わる侖然のこと。

◎公然

個人個人に影響を与える世の中の仕組み、環境のこと。

今、この地球上に生きている人間は、人類全体で言えば、今から五千年前にこの地球学校に入学した四十六代目の生徒である。入学から卒業までは、一万年の時間の中で、四段階のカリキュラムによって成長進化していく。成長、進化は人間の本体である魂の成長、進化であり、人間は、神、仏、佛に向かって進化していく。

四十五代から四十六代への移行期は、ノアの方舟の話で明かされている。今から五千年後に、四十六代の卒業とともに、四十六代の人類が造ったすべては次の四十七代入学生のために破壊され、消されていく。

四十五代からの移行期に消しきれずに残ったのが、四十五代末期の執の時代に造られたエジプトのピラミッド、ナスカの地上絵などである。

宇宙の法則は、極大な宇宙にも、極微の存在にもすべてに法則として働いている。神にも、人間にも、微生物にも同じく働いて影響を与えている。

植物、動物、鉱物にも影響を与え、変化が起こっていく。温暖化の影響などと言われながら、絶滅していく動・植物が年間四万種もあると報道されている。

基本的には、新しい皇のエネルギーに適合できずに消えていき、新しく適合できる品種（新種）が出てくる。環境適合力の問題であり、人間が地球温暖化で騒ぐ問題ではない。

鉱物においても、祖の時代の役割を終えた鉱物が休み、皇の時代に必要な鉱物が出てくる。

●宇宙の法則による人類（地球）の変化（侖然《ろんぜん》）、自然、公然《世の中》の変化）

始まり　（46代目の地球環境１万年間）　終了

45代目	秸の時代	祖の時代	変化時期	皇の時代	埶の時代	47代目
	ヒルの時代 低精心文明 2500年間	ヨルの時代 低物質文明 2500年間	今	ヒルの時代 高度精心文明 2500年間	ヨルの時代 高度物質文明 2500年間	
	(生)樂しく	(造)苦労		(動)楽	(作)喜び	
	禾の完成	者の完成		品の完成	物の完成	

元素としては、百三個から百二十個になっていく。レアメタル、レアアースなどが戦略物資として騒がれているが、皇の時代には全く通用しない愚かな政策である。

二千五百年の時間は、宇宙の自転でいえば半日となる。なぜなら、宇宙の自転では一日が五千年の時間を要するからである。地球は小さいので、一日の自転に要する時間はわずか二十四時間である。そのうち約半分が昼で、半分が夜である。

ヒルと表現するのは、生命エネルギーと物質エネルギーが出ていく、使われるという意味で、ヨルという表現は、生命エネルギーと物質エネルギーが入ってきて蓄えるという意味である。

地球人類にとっての一万年は一個人が生まれてから死ぬまでの時間に当てはめることができる。

・第一段階（一学期）　秸《けっ》の時代　〇～二十歳
・第二段階（二学期）　祖の時代　二十～四十歳
・第三段階（三学期）　皇の時代　四十～六十歳

・第四段階（四学期）　埶《げい》の時代　六十～百三十～百五十歳

では、それぞれの時代について説明していこう。

■秸《けつ》の時代

◎秸

この字を解析すると、「ノ」＝生きる法則が、「二」＝地上の物質エネルギー（「一」マイナスで示す）を「｜」＝動かすエネルギーが（「＋」プラスで示す）が働き、「八」＝生きる、造る、の生命エネルギー（「0」ゼロで示す）として働く。

「土」＝すべての物質エネルギーによって、「口」＝生活に必要なものが造られる。

秸の時代とは、人間が自然界の動物のように自然の恵みに助けられて生きる時代のことである。一個人で言えば、一切が親に与えられ、助けられて生きる時期である。

低精心文明（生）で、樂しく、禾《わ》が完成する時代で、動物として生きることの基本的な喜び、樂しみを感じとる時期、時代である。

親の愛情に包まれて、食べて味わう。美しいものを見て、良い香りを嗅いで、友人（人も動物とも）と交流し、肉躰を動かし、味覚などを感じ取ることによって得られる喜び、樂しみを学ぶ時代、時期である。

■祖の時代（精神文明）

◎祖

この字を解析すると、「｜」＝原因の世界から、必要なものが「二」＝地上に降ろされて、「ノ」＝生命エネルギーと「｜」＝物質エネルギーで、「、」＝何かを造る。「月」＝肉躰を持った人間が、「二」＝地上で造る。

祖の時代とは、先祖、教祖（神仏）と呼ばれている、親としての存在が子どもである人間を導いて、物質文明を創造した時代のことである。一個人で言えば、一人前に自立するために、肉体、精心、生活力を造っていく時期である。

低物質文明（造）の苦労があり、者が完成する時代で、地上は物質の世界、人間だけにしか出来ない物質文明が創造される。

見えない原因の世界で蓄えた資源をさまざまな苦労を重ねて、次の皇の時代（地上天国）創造のために物質文明の基礎造りが行われた。

◎者

この字を解析すると、「土」＝物質エネルギーの働きに、「ノ」＝生命エネルギーが働いて、「日」＝次の新しいエネルギーを造る。

物質文明でも、有から有を造る初期段階の物質文明である。

一個人で言えば、成人して世の中に出て自立はしても、未熟な段階である。

■皇《おう》の時代

◎皇

この字を解析すると、白「ノ」法則によって、自分の本体である魂からの記録が、「日」＝自分の中に入ってエネルギーとなる。

そのエネルギーを、「王」＝靈体、幽体、肉体の働きがしっかり受けとめて、生きる、造る、動く、の人生の基本の働きができる。

別の表現で言えば、汚れなき魂の記録、純粋な魂の思いを、三つの力（靈体、幽体、肉躰（物体））がしっかり支えて表現していく、の意味である。

高度精心文明（動く）となり、品が完成する。

・精神↓今までの時代は自立できていないが故に、父母、先祖、神仏と呼ばれる親の力によって、教えによっての価値判断、物差しで思うこと、考えることの働きがなされた。
・精心↓皇の時代は、十五億年に及ぶ長い魂の経験による魂の記録による価値判断による自己判断によって、思う、考えることが行われていく。
・心↓心の働きは、自分にとって良い悪い、好き嫌い、うまいまずい、合う合わない、プラスマイナスを判断して、自分が取り入れるか、入れないかを決定する働き、選択する働きである。

選択する内容によって、心の働きは十七個の働きに分類される。

・魂心↓人生の基本的な方向性
・靈心↓人生の価値観
・靈体心↓自分に合った魂の記録に基づく仕事
・幽体心↓五つの感覚（視覚、聴覚、嗅覚、味覚、触覚）による選択
・肉躰心↓肉躰全体を正常にするための選択の働き
・肉心↓十二の各臟器に必要なものを取り入れることの働き

祖の時代は、本来、自分の魂の記録によって人生の物事の判断、選択がされていかなければならなかったが、まだ完全に自立できていなかった故に、他者が、親が、先祖が、神仏（宗教

の教え）が判断し、選択し、取り入れていた。

皇の時代は、法則に守られて他人が勝手に判断することが一切許されないことになる。

したがって、他人の判断や、他人にアドバイスをする職業は急速に消えていく。

楽に動くとは、

1．精心的に、宗教的に、思想的にも自由を束縛されることなく、
2．肉体的に常に健康、元気であり、
3．対人的に家族、友人、ペット、気候などに束縛されずに、
4．経済（恵財）的にお金に不自由しないで楽に動くことができる状態。

◎品

この字を解析すると、人が生きていくことにおいて、「口」＝ゼロの生きるエネルギーと「口」＝マイナの造るエネルギーと、「口」＝プラスの動くエネルギーの三つのエネルギーを必要とする、という意味。

人間が造るすべての製品、商品は、このうちのいずれかのエネルギーを持っている。

皇の時代は、すべての人（ウイルスから神まで）が幸匐になる時代なので、この人生の目的である、幸匐になるためのエネルギーでなければ存在できない。

現在ある多くの製品、商品は、幸福になるためには必要ではない。逆に、マイナスになるエネルギーのものである。そのようなものは、ことごとく消滅していく。

書物として提供される情報も同じく、マイナスに働くエネルギーを発しているものが数多く存在している。今までの祖の時代には必要であったが、法則が変わったので、マイナスに働き出した。役割が終わったということである。

■執《げい》の時代

◎執

この字を解析すると、「土」＝物質エネルギーが「八」＝働いて、「土」＝次の段階の新しい物質エネルギーを造る。

別の表現で言えば、無から有のエネルギーを造る。

「九」で完成して、「丸」で次の段階に行く。行ける状態になったことを意味している。

地球学校一万年の卒業の段階であるが、地上は物質、現象界であるが故に、高度な物質文明の完成が卒業できる条件となる。

高度物質文明（作）の喜びが生まれ、嘉びが完成する。

◎物

この字を解析すると、「牛」＝ルールによって手が動き、「勹」＝必要なものを取り込む、抱え込む。

「〃」＝抱え込んだものから、生きるために必要なエネルギーが出る、使われる。

◎作

人間が、物質エネルギーの働くこの地上に生きていることの最も基本的な喜びは、人を幸福にする物を作ることにある。執の時代は、物造り（作り）の完成なので、単一製品を大工場で機械的に造るよりも、個人が個々にオリジナルの物を作って嘉びを感じる人生となる。

一個人で言えば、六十歳を過ぎてからは、寿命が尽きるまで、六十歳までに蓄えたもの、知識、技術など、幸福のために使えるさまざまなものを、他者に、世の中に提供していくことに嘉びを感じる人生となる。

祖から皇への移行期における生き方

1）精神的に安定し楽しく生きるための方法

①何が起きても，すべて自分にとって必要なことと思い、喜んで生きる

②常識にこだわらないで、知恵を出して生きること
③よくない話、他人の話をしないこと
④自分にとって不要なこと（記憶、学習）をしないこと
⑤嫌いな人と付き合わないこと

2）肉体的に健康で元気に生きる方法

①食事はおいしくて、味の良いものだけを腹七分目食べること
②夕食の時間を夜五時〇〇分から六時三十分の間に終わること
③寝る時間を十時までに床につき九時間以上寝ること
④行動はゆっくり行動すること
⑤嫌いな仕事をしないこと

3）対人、人間関係をよくする方法

①何があっても他人を裁かない、縛らないこと
②他人に対してお節介をしないこと
③他人に対して説教、説得をしないこと
④他人に興味を持たないこと

⑤他人と無駄話をしないこと

4）経済、恵賎《けいざい》的に裕福《ゆうふく》に生きる方法

①朝食の時間を守ること（起床して三十分以内に食事を始めること）
②お金もうけのみに専念しないこと
③何かを買う時は、すべて前払い、または現金引き換えで支払いをすること
④すべての行動は樂しく、楽なことをゆっくり行うこと
⑤他人のまねをしないこと

5）運を良くし、災難、災害に遭わない方法

①何をするにも、行動はゆっくりと行うこと
②他人に気を使わないこと
③何事もスムーズにいくことだけを行うこと
④嫌なことをしないこと
⑤団体行動をしないこと

以上、毎日の生き方は、プラスの結果をもたらすか、マイナスの結果をもたらすかの種蒔き

である。

1）すべての物事には、原因があって結果がある。結果は原因の種の刈り取りである。問題は、刈り取りがプラスなのか、マイナスなのか？　終わったのか？　また、刈り取りがあるのか？もしマイナスの刈り取りであるとすれば、一番よい対策は？

痛い思いをして刈り取る前に、芽の出る原因を取り除けばよい。

原因さえなくなれば、二度と芽が出ることもなく、痛みの刈り取りもない。

ただし、原因（種）がいかなるものかが大問題で、現在の学問の力では、その原因が解明できないのである。

原因は、実に八段階に分類でき、第一の原因が結果を生み、その結果が第二の原因となり、次々と最終の九段階目の結果へと進んでいく。

今の人類には、直前の八段階の原因しか明らかにされていないのだ。したがって、原因は消えず、繰り返しの刈り取りとなる。痛みを伴って刈り取らねばならない種蒔きは、いつ、誰がやったのか？　この種蒔きは、悪い実が生《な》ると分からなかったのか？　分かっていて蒔いてしまったのか？

2）ワイオ理論が明かす、悪果の種蒔きの真実。

二千五百年続いた今までの祖の時代の種蒔きは、

①悪い種と分かっていても、強引に悪果の種を蒔かされた。

②悪果の種と知らされずに、蒔かされた。

③良い種と思わされて、蒔いた。

④輪廻を繰り返す中で、過去世に蒔いた種が今世においても芽を出し、実となることもある。

⑤今世の毎日の生活が種蒔きである。

⑥皇のルールに変わった現在、常識となったほとんどが悪果となる種蒔きとなっていく。

とにかく新しいルールになった今日、新しいルールを知ることがいかに大事なことか、必要なことかが、これから全世界の人々の知るところとなる。

今や世界人類は、祖の時代に造られた常識として定着した政治、経済、医療、教育などすべての分野において、悪果として刈り取らねばならない種蒔きをしているのだ。

この種蒔きを、大自然が巨大な力を使って止めようとしているのだ。

3）対人、人間関係を良くする生き方

①他人を裁かない、縛らない。

皇のルールに変わった今の段階で、いかなる悪人といえども、祖の時代に蒔かれた原因の半分は自分の責任でも、半分は他人（親、先祖、神仏）の責任である。そして、裁く、縛るは、すべて自然（皇の閻魔大王と皇の鬼の方々）の役割である。

宇宙の法則として人間が裁くことは、越権行為である。

したがって、司法組織は必要でなくなっていく。

②他人にお節介をしない。

皇のルールは、自立した大人、すべての結果の責任は、一〇〇％本人の責任であるというルールである。自立のためには、自分で学ばなければならない。何よりも、今までのお節介はプラスの結果を出せない、自立できないお節介になる。

唯一、自立に必要なのは、ワイオ理論である。ワイオ理論を伝えることは、お節介とは言えない。お節介は、自立の足を引っ張る行為である。

③他人に対して説教、説得をしない。

大人として自ら学ぶことが基本であり、学ぶことに対して説教も説得もしてはならない。やはり、何よりも説教、説得の説が、本当に自立に向かって役立つ説なのかが重要である。

④他人に興味を持たない。

自分以外はすべて他人である。それぞれが人生の設計者となる。魂の記録を、自己だけの記録を持っている。したがって、他人の記録に興味を持ってその記録を自分の人生の案内書、設計書としては、決して自己の人生の目的を得ることはできない。自己の魂の記録が明らかになれば、他人の記録に興味を持つことはない。

⑤他人と無駄話をしない。

他人との話、対話は、本来、興味があって、話の内容が好きで、樂しくて、自己の成長に役立つ話でなければならない。無駄話とは、役に立たない話のことで、魂の記録にあることしか興味を持てないように誰もがなっていく。

他人と対話することの前に、まず、自分自身の本体である魂との対話が何よりも大切であり、優先すべきである。

すべての人間の魂は潜在しており、顕在意識からの対話を、今か、今かと首を長くして待ち続けている。ワイオ理論を学んでいる人々の中に、何人も魂との対話の仲介役をする能力を持った人が出現している。皇の時代を生きることへの必要性、需要に対する供給が進められている。すべて宇宙の法則によって進められていることである。

⑥対人、人間関係と言えば、ピンク龍神様抜きでは語れません。

ピンク龍神さんは、人間の魂の記録にある人間関係、対人縁の記録を読み取ることができ、皇の時代の人間関係を正常にするために、二千五百年の眠り、封印から解除され、続々と本来の役割を果たすべく行動を起こしてくれています。

今の人間関係は、他人によって祖の時代のルールによって造られたもので、八〇％は打算と妥協による組み合わせです。幸福な人生に、人間関係は最も大切な要素であり、一日も早く自分の魂の記録の相手、魂結びの方との出会いが必要です。全国の道府県に、一県につき二カ所はピンク龍神さんの拠点があるので、お願いに行くことを勧めます。

4）経済、恵財《けいざい》的に裕福《ゆうふく》に生きる方法

経済→祖の時代。

恵財《けいざい》→皇の時代は、自然に恵まれる形で入ってくる。努力は必要ない。

①朝食の時間は、起床して三十分以内に食事を始める。

収入は、対人関係におけるエネルギーの働きで発生する。

経済においては、先祖氏神である醍委《ていい》さん、他多《たた》さんの中の佛龍《ぶつりゅう》さん、雨湃《うへい》さん十四人の方々が、恵財においては、協力神である他岔《たぶん》さんの方々が、人間が夜寝ている間にお手配をしてくれている。

そのお手配のエネルギーが、空腸にあるお金のエネルギーの器に入っていて、朝食を摂ると同時に表に飛び出していく。大事なエネルギーを他に使う前に、対人エネルギーとして使うと

いうことである。

他岔さんは、氏神として二千五百年間働いていただいたが、すでに全員休まれており、醒委さんは、先祖の働きとして、やはり二千五百年の長い間働いていていただいたが、その働きも平成二十五年ですべて終わる。休まれるルールになっている。

したがって、残っておられる醒委さんのエネルギーも、個人差はあるが、数パーセントと少なくなってしまっている。

先祖の御陰様をいただくために、どれだけ立派な先祖供養をしても無駄である。

先祖は、その上におられる祖の神々の力も得られず、エネルギー不足で疲れきっている。今ある、今までの宗教エネルギーも、同じく疲れきっている。

他多さんは、皇の法則によって働かれる。誰でも協力する神として、四十九人もの（総称を他多と呼ぶ）方々が、それぞれの役割（生きる、造る、動く、縁を結ぶ）分担でおられる。

その他多さんの中で、造る（恵戝）担当が佛龍さん以下七名（恵戝の原因を担当）、雨洴さん以下七名（恵戝の結果を担当）の方々が働いてくれているのである。他多さんは、かつて、この地球上で人間をやっておられたが、今は肉体を持たず、神としての役割をもって一人一人の人生をサポートしてくださるのだ。

他多さんのサポートは、皇のルールによって働かれるので、今までの人間と神仏の関係のようにお願いしたりお願いされて動く存在ではない。人間が皇のルールに則って生きることによって、十分その働きができるのである。

しかし、他多さん方々も心のある存在である。人間の感謝の気持ちはとても大切である。他多さん方々は、自分の存在を、力を、一日も早く知って、使って、幸富になってくれないかと、その時を待ち望んでおられる。現段階では、平均してその力の七％しか発揮されていない。

②お金もうけのみに専念しない。

今までの祖の時代は、「もうかってまっか？」の挨拶言葉があるほど、人間は金もうけに専念してきた。金もうけに対する強い思いは、これだけの物質文明を築いてきた原動力でもある。

下に心のついた金銭慾エネルギーの働きが、金もうけに専念させてくれたのである。

その個人の金銭慾のエネルギーによって、祖の時代の経済のシステム、金融システム、企業システムが構築され、それぞれの役割をもってシステムエネルギーとして働いておられた。

その結果、皇の時代、真の精心文明（地上天国）の基礎造りが成されたのである。金銭慾が悪いわけではない。二千五百年の祖の時代の法則の基に存在し、大いなるその役割を終えられ、今、休まれていっている。

現在、金銭慾を含む全世界の経済の基になるエネルギーは、九〇％休まれている。したがって、間もなく世界経済は止まる。

残念ながら、人間の中に入ったエネルギーはなかなか消えにくいのである。この個人個人の中に入った祖の常識として定着している経済エネルギー、金銭欲エネルギーを消すために、間もなく大自然の力が大きく働く。

われわれ人類は、終わりゆく経済活動に専念することを一日も早く止めて、新しい恵比活動に専念しなければならない。

別の表現で言えば、経済は稲荷経済であり、恵比は龍宮恵比である。

恵比を担当する龍宮神界の準備は着々と進んでおり、稲荷経済がいつ崩壊しても心配はない。

人間個人としては、ワイオ理論が示す個人としてやるべきことをやるべきである。

③何かを買うときは、前払いか現金引き換え払いにする。

祖の経済は、大企業といえども借金をして、後払いが常識であって、借金で設備投資をして利益を上げてから、後払いである。この仕組みが経済を発展させ、物質文明を急速に進化させたのである。

しかし、皇の法則に変わったことによって、逆転する。この移行期においては、預金、貯金に貯蓄税がかけられることになる。

預けておけば利息がいただけたのに、逆に利子を取られるのである。

金とは体内を流れる血液であり、自然界においては水の役割なので、常に流れていなければならない。利子を取られるのは、本来自然な、正常な状態に戻そうとする対策である。

自然界の法則をよく観察すると、農業においては完全に前払いによって大きな利息をいただいている。種を蒔いてから収穫までにかかる費用は、自然に対しての前払いのかたちである。一年の時も待たずに、おおよそ麦は一粒で百倍の利息がつく。米は千倍にもなる。この自然の法則が、皇の時代は、すべての人間に正しく、公平に働くのである。

まだ世の中のシステムは後払いになっているので、例えばレストランに行ったら、食事の前にテーブルの上にお金を財布から出しておく、また、月末払いの電話料金なども同様にして、皇のお金の流れを身につけていくことが必要である。

祖（夜）は、日（エネルギー）が入って、日が出るまでの時間。入ったエネルギーを蓄えて、精神、肉躰、対人、経済を造り、調整する、時代（時）。

皇（昼）は、日（エネルギー）が出て日が入るまでの時間。夜蓄えたエネルギーをどんどん使う時代（時）である。

したがって、人々は貯金として貯えることはほとんどしなくなっていき、お金（収入・支出）の循環は、まず出すことから始まるのである。

④行動は樂しく、楽《らく》なことをゆっくりと行う。

樂しく、楽であるということは、自分の魂の記録にある（魂職）ことの意味であり、ゆっくり行うということは、自然界の時間に合わせることである。

野生の動物は、人間のようにあくせく動かずとも、生きることに必要なものは十分に得られている。

人間は、祖の時代に心と脳に入れられた金銭慾、物質慾、名誉慾、地位慾、仕事慾など、十二種の下に心のついた慾によって、あくせくと忙しい日々を過ごしている。

⑤他人のまねをしない。

祖の時代は、まねる（学ぶ）他人の成功を見て、自分も同じ方法でもうけようとする。どの業界も同じである。一～十まで、すべて学んではいけないのではないが、人間の本体は一人一人誰もが持っている魂である。この魂に、自分の幸福な人生に必要なすべての記録がしっかりと記録されているのである。

他人の記録のまねをしても、自分の記録によるものでなければ、皇の時代は、決して望む結果、幸福は得られない。これは、宇宙の法則の基本的な法則なのである。

⑥お金のエネルギーを入れる器について。

ワイオ理論は、人間の不幸な結果の原因はどこにあるのかの追究から始まっている。小笠原慎吾先生の生涯をかけた追究の結果、原因はすべて見えない世界に存在し、今の人類がとらえている原因は、八段階の最終段階の結果であることが究明された。

経済の原因の段階での異常は、お金のエネルギーを入れる器にはっきりと表れていることが、後に出てくる器さんの言葉によってよく分かる。この器に異常が発生しないように、大自然の力が大きく働いて、世の中のシステムの破壊、常識として定着している人間の思考の破壊が、間もなく行われる。

この本が世に出ている頃には、破壊が行われている真っ最中であるかもしれない。

第二章　お金の器さんのお言葉

世界広しといえども、今この世においてワイオ理論ほど魅力に満ちた存在はない。すべての人間が望む幸福、その幸福を得るために必要なすべてに原因があって、今までの「祖」の時代はその行動が望む結果を出すことができなかった。今、世界全体で使っている常識も、異常を正常にする学問の方法も、常に表面的、場当たり的、対症療法であったからである。

精心、肉躰、対人、経済の異常に処するワイオ理論は、まず異常な結果の底に隠された原因を見つけ、その原因を取り除く方法を確立した。経済的な異常、貧困も、その奥に隠されている原因を知らなければ、消えることなく繰り返し発生する。

経済の異常（貧乏、貧困）に関して言えば、その第一の原因は自己の魂の記録にある仕事（魂職《こんしょく》）をやっているかである。

そして第二の原因は、現実に手にしているお金の前段階において、お金のエネルギーの入る器（空腸にある）の異常である。

異常な器には、ゴミが入っている、ヒビが入っている、穴があけられている。一つしかない器なのに、他人に盗まれているか、他人にプレゼントしてしまっているなどの異常がある。

ワイオ理論を知っていなければ、これは荒唐無稽な話に聞こえるだろう。驚くべきことに、成人の十人中七〜八人は、器に異常が発生している。人ごとではないのである。

器が正常になることによって、思いもよらぬプラスの結果も出ている。しかし残念なことに、今のところ、自分の力で正常にするのは不可能に近い。だからワイオの力が必要になるのである。

また、空腸の所に存在している目に見えない存在の〝器さん〟が、言葉を出して語るなど、これも真に奇想天外な話ではある。事実は小説よりも奇なりとも言うが、これは、ただただ人類の進化の段階が見えない世界を科学できなかったことによる。

ワイオ理論に登場するさまざまな〝非常識〟が、今後、急速に〝常識〟として全世界に広がっていく。まずは器さんの切なる思い、嘉びの言葉を聞いて、しばし自分の器さんの状態を考えていただきたい。

◇Yさんのお金の器さん　　H21・12・6　コウ姫

※Yさんの器が、Fにより奪われていたことがわかり、取り戻した。

上志満（以下＝上）　Yさんの空腸、お金の器さんですか？

お金の器さん（以下＝器）　ゴミがある、ゴミ。

上　九％、ゴミが付いてるね。

器　居心地が悪かった。あ～、よかった。古巣に戻れて。

上　ゴミがあるということは、Ｆはずいぶん汚い。

器　ゴミ、ゴミ、ゴミだらけ。まだまだ人の、人のものいっぱい持っている。抱えている。両腕にしっかりと、抱え込んでいる。

上　人の器を、他にも？

器　持っている。

上　ほ～、そうか。

器　怖い、怖い奴だ。

上　そうか、いっぱいか。たくさんか。

器　放してあげなさい～！　器を自由にして、元の方に返してあげなされ。

上　どうすれば、皆、離れていけるかな？

器　Ｆに向かい…ウ～。ア～。

上　剣を使うかな。

器　もちろん、もちろん。人の物盗み、悠々自適に生きてる者、許さん！　う～ん、許さん！

上　器さんは、どのようにして、Ｆの所に行ってしまったの？

器　盗まれた。自分の慾のために。

Ｆ　逆どりじゃ。逆どりじゃ。

上　客取り？

Ｆ　逆どり。逆どり。何が悪い！　お前も俺に、世話になったであろうが。何が悪い。助かったろうが。助けてもらったろうが。

上　（Ｙさんに向かって）言ったって、言いたいこと。

Ｆ　何が悪い。何が悪い。

Ｙ　俺からずいぶん、巻き上げただろうが、金を。

Ｆ　ふん！

Ｙ　あんなにたくさんの金を。

Ｆ　巻き上げたんでない。己が頼ってきたんであろうが。力がない分際で、何をぬかす。俺は客がいっぱいおる。

上　これからも、その仕事、続けていく気なのかな？

Ｆ　違う形で働く。

上　違う形とは？

Ｆ　う～ん、物を売る。幸せのために、物を売る。

上　いやいや、その前に、奪った器を返さなければ。

F　何が悪い。奪ったのではない。向こうから持ってきたのだ。置いてったのだ。
上　いや！　それは違う。
F　何がわかる！　お主に何がわかる！
上　インチキ商売で。
F　インチキではない。
上　インチキ！
F　インチキではない。
上　じゃあ？
F　靈視をして治療をしておる。
上　いやいや、縁が出来たおかげで器を奪われて、貧乏で苦しんでいる。そういうのを、インチキ商売という。
F　いや、喜んでいる。喜んでいる。何度も何度も、わしを頼って来る。
上　じゃ、どうするかな？
F　わしを頼って来る。頼っておるのじゃ。日本全国、駆け巡って、日本全国に客がおる。俺は、必要とされておる。
上　まあ、必要とされるのも、時間の問題で、もうそろそろ、年貢の納め時が来た。
F　いやいや、お前も、俺の力で助けられたのではないか？

上　助けられたと思っている？

F　どうなのだ？

Y　それに見合うだけの金。

F　金。

Y　金を巻き上げただろう。

F　巻き上げてはおらぬ。成功報酬だ。

Y　本当に、幸せになった人はいるか？

F　俺を慕ってきておる。

Y　でも、本当に幸せに、なっていないだろう。

F　いや、なっておる。

Y　なっていない。

F　なっておる！　なっておる！　今は、ブレスをつくっておる。お前も欲しいか？　分けてやろうか？　分けてくださいと言え。本当は欲しいくせに。

上　何を欲しいって？　ブレスレット。

Y　ブレスレットをつくっている。

F　頭を下げてくれれば、売ってやるぞ。

上　Fさん、このお札が見える？（お札を見せる）

F　わからん。見えん。

上　見えんか。

F　通用せん。

上　（ここで一度、剣を使う）剣は見えたかな？

F　（威張っていた大きな態度が、シュンと小さくなった）何をするんだ（小さい声で）。

上　剣は見えたかな？

F　何をする!!

上　さあ、どうする？　まだ商売、続けるか？

F　何をする。

上　やめるか、どっちだ？

F　う〜ん、う〜ん、頼ってきた者を助けているだけである。

上　人の器を奪って、それが助けになるか。

F　置いていった、勝手に。置いていったものを頂いて、何が悪い。

上　いや、置いていったんじゃない。奪ったんだ。

F　いや。

上　器は、自ら他人の所へ行こうとはしない。あんたが自分の慾のために力を使って奪った。

F　違う、違う。置いていった。感謝として置いていったのだ。わしのとこに置いていったのだ。

上　財布からお金を取って、まだ、器まで盗む。これは、悪徳商法の極み。

F　違う、違う、違う、違う。悪徳商法ではない。

上　Fさんも、初めの段階では、人々を助けるために修行して、そして、助ける力を得た。しかしながら、今までの時代の宇宙の法則、次第に道を外れた。

F　俺のどこが気に入らぬのだ。能力がないとぬかすのか。

上　能力があったら、今ここで示せるかな？

F　（両手を広げてパワーを出しているよう）ハ〜、ハ〜、う〜ん。

上　Fさん、あなたの役割は、もう終わった。役割には、プラスとマイナスがある。あなたの役割はマイナスだったかもしれないが、それは、今までの時代に必要だった。

F　そう、何万人、何十万人、助けてきた。助かった。

上　だがもう、それはいい。役割は終わった。お札に乗って休まれますか？

F　休んだら、行く所がない。（泣き声で）行く所がない。

上　お札に乗れば、天国に行けるよ。

F　死ねということか。

上　誰でも皆、一度は死ぬ。

F　死にたくない、死にたくない。

上　これ以上、今の仕事続けたら、あなたは、天国行きの切符を捨てることになる。地獄に行くしかない。

Ｆ　行きたくない、行きたくない。人を助けて、なぜ地獄に落ちる。

※お札を一枚焚く。

上　どうかね、お札の乗り心地は？

Ｆ　気持ちいい。もっとやってくれ。もっと、もっと、もっとやってくれ。

上　今の仕事をやめなければ、だめだよ。器を全部、皆に返さないとだめだよ。この素晴らしいお札に乗れない。

Ｆ　よろしい。持って行け、持って行け。

器　臭い奴。何の臭いか知らないけど、臭い。臭くてベトベトしている。何か、ベトベトしてる。

上　う〜ん。金銭慾かな？　あ！　器さんの中には、ゴミないね。中はいいよね。

器　ベトベトの臭くって、何とも言えなかった。

上　もう大丈夫だね。うん、よかった、よかった。じゃあ、Yさんを助けてやってね。

器　了解、了解、了解〜。

上　は～い、ご苦労さま。

Y　ありがとうございます。

器　自分の腹の中～。確認しろ！

上　うん、中に入ってくれたね。よし、大丈夫だ。今抱えている器を、皆に返してあげてよ。

F　持って行け、持って行け。

※「Fさん」で一枚と、「Yさんのお金の器さん」で二枚、お札を焚く。

器　う～ん、臭い、臭いよ～。

上　器さん、今お札を使うからね。

器　ヘドロのような臭さ。オエ～ってくる感じ。金色にして、早く、早く、早く。

上　だいぶ取れたね、ゴミが。周りのね。

器　う～ん、臭いね。

上　もう一枚やろうか？

器　う～ん。

※「Fさんのお金の器さん」でお札を一枚焚く。

上　器さんは、Ｆさんの所に行ったら、強い力で縛られてしまったの？　Ｆに。そうだね？

器　（うなずく）皆、一緒だ。

◇Aさんのお金の器さん　H21・12・6　コウ姫

上　器さんですか？

器　ありがとうございます。

上　いろいろお話しください。

器　僕自身も、僕自身も、いい人と巡り合えたのに、と思っているのになあ〜。だけど、器まであげちゃいけないよ。自分自身だから。

上　器さんは、戻りたくても、戻れなかったの？

器　戻る気がなかった。特別、居心地が悪いわけじゃなかったから。本人が帰ってきてほしければ、もちろん帰った。

上　だけど本人は、気がつかないもんね。

器　う〜ん。悪いのは本人さ。器が悪いわけではないよ。

上　そうだね。本人の気持ちで、器は動くんだ。

器　そういうこと。

上　器さんは…。

器　世の中、取ったり、取られたりしている人たちが、う〜ん万人とおるよ。気をつけなきゃ。気をつけなきゃ。

上　器さんは、ワイオ理論、知ってるかな？

器　いいや。

上　戻ってこれたので、これからA君は、新しい時代を造るために、活躍する大事な魂なので、あなたも一緒に共に、新しい時代創造のために、がんばってほしい。

器　こちらこそ、よろしく。

※「Aさんのお金の器さん」でお札を一枚。

上　器さん、これが、A君が…（お札を見せる）。

器　何だい、何だい、その白い紙。

上　新しい時代創造するための、今まで使われなかった、宇宙の蔵から出された、創造のための力が、お札という形になりました。これを感じ取っていただいて、A君が勉強していることを、一緒に勉強してほしい。

器　早くやってみて。楽しみ、楽しみ。

※お札を焚く。

器　龍、龍のような。う〜ん、心地がよい。

上　龍に乗ったよう?

器　龍。

上　もう一枚やるからね?

器　雨洴さん、来る、来る、来る。

上　器さんは、他の器さんと、話ができるの?

器　わかる。すべて、わかる。

上　他の人の器さんと話し合うこともあるの?

器　ない。

上　ないか。

器　（お辞儀をする）

※お札をもう一枚。

上　どうですか、感想は？

器　もう一枚、もう一枚。

上　もう一枚。

※もう一枚焚く。

器　ほら、キラキラと、キラキラと…（掌で受けとめるように広げている）。

上　雨汧さんが入れてくれたの？　器に、お金のエネルギーを入れてくれたんだね。

器　キラキラと。しっかりと僕が、このお金をまわしていきます。

上　よろしくお願いいたします。

◇Oさんのお金の器さん　H21・12・22　マコ姫

お金に対して、多大な期待や下心は禁物。自分を見失い、見返りを求めると、欲のガスが器にたまり、揮発し、そして、相手方の器に移ります。

いつも、今ここに合わせ、自分を冷静に見つめてください。私は、何のために仕事をするのかを、冷静に見つめてください。必死に仕事をするより、楽しむためにお金を使ってください。まずは、自分が一番楽しく、情熱を打ち込めることを見つけてください。

相手方の肩書だけを信用し、取引をすることは、やめましょう。相手方の価値観が、自分の身の丈に合うかどうかを見てください。そして、自分の身の周りを、よく見渡してください。不要なものをため込んではいませんか？　まずはともあれ、いるべき所に戻ることができて、とても嬉しいです。

これをきっかけに、「皇の経済とは何ぞや」を、一緒に学びませんか？　よかった。よかった。上志満さん、ありがとう。

◇Fさんのお金の器さん　H21・12・23　ミコ姫

器　はい。戻ってきました！　本当に、行く気は全くなかったけれども、なぜか行っちゃった。

上　人がいいねぇ、器さんも。

器　持ち主に似とる（笑）。まあ、向こうでも、多少は働かせてもらったが、本意ではないからそこそこになぁ。ま、やっと戻って来れたので、これからは、期待しておれ。

F　はい、ありがとうございます。

上　どういうお金の流れだったのか。ゴミも少し、入ってますね。

器　だから、そこそこにと。

上　またゴミもとって、Fさんはいよいよ、皇の創造の大きな働きをすることになりましたので、働き甲斐があると思います。

器　そうだなぁ。よかった（安堵した様子）。

上　帰ろうと思っても、帰れない事情もできるのですか？

器　そりゃあ、帰れないぞ。器の役割は、器の役割。持ち主のために働くのが、役割じゃ。一旦渡ってしまえば、帰ろうにも帰れん。そこで働くしかないじゃろう。

上　なるほど…。本人が、器のことを分かっておれば、また、想いを伝えれば帰れる？

器　う〜ん。どうかのう…想いを伝えてもらってものう…。一旦渡ってしまったものは…。わしは運が良かった。これからはよろしく。

上　お札に乗った感じはどうですか？

器　それがのう、初めての体験じゃったのう。なんとも軽くなった。おかげで、飛んで帰って来れたぞ！　ありがとう。上志満殿、礼を申す。

F　ありがとうございます。

上　器さんとして、Fさんに何か望むこと、ございますか？

器　望むと言えば、わしをもうちっと、大事にしてくれ（笑）。

上　ということは、自分のためにお金を使う、ということですか？

器　そうじゃ。情をかける時は、金ではないぞ。せっかくのこの理論を伝える時じゃ。そこに、情を使いなされ。

※以前、仕事で知人をプロジェクトに誘ったことが原因で、Ｆさんのお金の器さんが、その知人に移動していたことが判明。

◇Ｍさんのお金の器さん　Ｈ21・12・23　ミコ姫

上　Ｍさんのお金のエネルギーの器さん、お札を使いました。ひび割れていたと思います。そのあたりの事情を話してくださいますか？

器　お札を使っていただいてありがとう。詳しい事情は、ちょっとここでは…（言いづらそう）。申し訳ありません。

上　多くの方が、ひび割れている状態だと思います。やはり、器の使い方、それが原因だと思いますが、知らなければ、改めることもできず。答えは、ワイオ理論の中にあると思いますが、当然、器さんの責任ではなく、知らずに行っている人間の責任だと思います。ここでダメなら、また今度、多くの人間のために、知らせていただきたいと思います。

器　そうおっしゃられると、言わぬわけにはいきません。そなた（Ｍさん）には、耳が痛い話になりますよ。もちろん、お金の使い方、生き方、そのあたりにも原因はございますが、関わる人間によって割られる、ということもございます。あなたは、その類です。複数の人間によって、割られております。お心当たりはありますか？　二人の女性によって…。

Ｍ　あ〜、納得しました。

器　真の縁を結ばれることです。

上　器さんにとって、ひび割れている状態はつらいですか？

器　それはもちろん。その人間と共に苦しみを味わっております。

上　ひび割れが、自然に治る場合もありますか？

器　あります。その者の気づき、生き方によって、時間はかかりますが、修復は可能です。

上　現実の世界で、物が割れることと、人間関係にひびが入ることとは、同じことなんですね。

器　そのとおりです。目に見えぬものです。なかなか気づかれぬ場合が多いかと思います。

上　とても貴重な言葉、ありがとうございます。

◇Aさんのお金の器さん（三合目のひび割れ、二年三カ月前）　H22・1・31　敦姫

上　Aさんのお金の器さんですか？

器　そうです。

上　お話しください。

器　ある日、男が突然訪ねてきた。夫婦が口論となり、夫から暴力を受けた。そこには、別の男の介入がある。その時じゃ。これは、はっきりとせねばいけないことである。とても大事なことじゃ。これからの新しい時代の見本になるぞ。言っている意味がわかるかね？

A　少しだけわかります。

器　ならば、すべてを話しなさい。それが必要じゃ。

A　実は、主人と私の共通の友人が泊まりにきていて。飲みに行こうと私がはしゃいでしまったので、主人が怒って、私に往復ビンタで、三、四回くらい叩きました。友人は驚いて帰ってしまいました。次の日、頭が痛くて、脳外科に行きましたが、医者が、夫婦げんかで叩かれて頭が痛いのか～、などと笑って、よく見てくれませんでした。私はその友人に、主人には内緒で、三十五万円貸していました。友人は、あるネットワークビジネスにはまりすぎて、お金で苦労しているとのことで、私が貸してしまいました。今ではもう、お金のことは、あげたものとして、割り切っています。

器　その時じゃ。その時受けたものじゃ。それは、お金は戻らないが、違う形で戻る。前世、そなたが取ったお金じゃ。しかし、とても心地よいぞ。すっきりとして、晴れ渡った青空のように、清々しい。それほど空腸というのは、大切なものじゃ。その時に受けた衝撃が伝わって、右半身の痛みと化した。

A　それか～。主人の暴力ですね。

器　そうじゃ。それでお札を書きなされ。

A　わかりました。

器　他には？

A　お金のエネルギーの入る器を直していただければ、これからは、ひびのない器に…。

器　ひびというものは、どういうものかわかるか？　身体のひずみがくるということじゃ。五体満足の身体を持て。右が重いであろう。

A　とっても重いです。右手、右足。

器　わしも、とても重い。同じ思いを味わっておる。右が重くて動かぬ。

上　これから、お札を使わせていただきます。

器　よろしくお願いします。

A　ありがとうございました。

◇Kさんのお金の器さん　H22・1・31　篤姫

上　Kさんのお金の器さんですか？

器　そうです。

上　お話しください。

器　自らのことをさておき、人のために良かれと思ってやった結果、利用しようと近づいてきた。うまい言葉にのせられ、器以上に願う慾の心。すべてはそこから生じた。自分が引き寄せる、あるいは、自分が放つ波動、これが大きく運命の分かれ道になる。素直な自分の波動。慾が絡んだ波動。これが大きく、大切な空腸もなくなるゆえん。あの者の魂は、真っ黒に光っておる。それは恐ろしい。よからぬエネルギーが、すべてを持っていった。正しいエネルギーを向けなされ。正しく帰ってこようぞ。これからもそうだ。己の放つエネルギー、これによって、引き寄せるもの、真のエネルギーを放ち、それに引き寄せられるもの、真正面から変わってくる。そのはざまに揺れ動く、そのエネルギーを感じる。すべては、己が放つエネルギー。魂なき者の、それはそれは恐ろしい。その者に奪われし器には、醜いゴミが入っておる。そのゴミがまた、醜いものを引き寄せる。早速やらなければいけないのは、お札じゃ。今すぐにやりなされ。さもなくば、よからぬものを、次々と引き寄せていくぞ。その腕、肩、腰、すべてがそうじゃ。引き寄せておる。醜いものを引き寄せておる。ここで一掃するのじゃ。よいか、すぐにやりなされ。よいか、すぐに対処しなされ。

上　名前書いてね、私のお金の器さん。器にこびりついたゴミを取る。

器　上志満氏よ。

上　はい、はい。

器　これは、すべての器をなくした者に言えることである。早速にこれをやらなければ、大変なことになるぞ。よからぬものが引き合う。ぐずぐずにされるぞ。よろしく頼む。

上　お言葉、ありがとうございました。

◇Oさんのお金の器さん　H22・2・3　マコ姫

早く戻ってやらねばと、思いは募る一方。でも、閉ざされた暗闇の中で、がんじがらめの鎖で縛られた状態でいます。多くの器が、同じようにつらい思いをしていることを、伝えていただきたく思います。いかなる原因であっても、本人の元から離れた器は、皆、本来の働きができずにいます。それをお伝えしたく、参りました。できるだけ、お札を使っていただければ幸いです。よろしくお願いいたします（とてもお疲れのようです）。

◇Kさんのお金の器さん　H22・2・7　コウ姫

上　Kさんの器さんですか？

器　よかった、よかった。これで正常な働きができる。おさまりましたよ、今。Kさん、私はあなたと一緒です、いつも。

上　なぜひび割れたのか、お話しください。

器　お節介、お節介。人がよすぎます。お節介、お節介。

上　特に、ひび割れたときのことを話してください。

器　自分で、自分で、苦労をしょい込むタイプ。最初は、○・一ミリほどのひびでした。本人もひびが入ったこと、感じていると思いますけどねぇ。それでもまだ、一生懸命、一生懸命、どうやら、人のことばっかりで、自分の器にひびが入ったこと、わからなかったようです。ごめんなさい。ごめんなさい。私はこの人に、伝えることは伝えました。でも、気がついてはくれなかった。

上　その、伝えた時には、どのように伝えたのですか？

器　異常がある、ということを、本人に警告しました。

上　普通であれば、その異常、どのように感じ取れますか？　顕在意識で感じ取れますか？

器　それは、お御魂さんが、「あっ！　何かヘン！」っていうことを、しっかりと本人に伝えます。そのままいけば、○・五ミリ、○以上、一センチ、二センチと、どんどん、どんどん、ひびが大きくなります。

上　何か話したいことあったら、どうぞ。

K　長男のことですが、これから、どうしたらよいでしょうか？

器　誰、それ？

K　長男です。

器　長男、関係ないの。私は、あなたの器だからね。

K　子どもの長男であっても、次男であっても…。

器　関係ない。関係ない。

K　親自身の問題と思って、今日は、寄せてもらいました。

器　そう！　だからひびが入るの。バリ、バリ、と音がするからね。これから、よ～く感じ取って、異常が出た場合は、お札を焚く。

※お札を焚く。

上　今、お札を使いました。感想はいかがでしょうか？

器　ありがとう。ありがとう。たまには、使ってください。お願いします。

上　ありがとうございました。

K　ありがとうございました。

◇Mさんのお金の器さん（無→ひび割れて戻ってきた）　H22・2・7　コウ姫

器　苦しい。う～ん、う～ん（とても苦しそう）。

※お札を三枚焚く。

上　器さん、話せますか？

器　少し苦しい。ずいぶん楽になったけど。

上　器の中に、ずいぶんゴミがたまってるね。汚い使い方をされたよね。

器　う～ん。苦しくって、苦しくって。少し楽になった。

上　本来の持ち主に、何か言いたいことあったら、話してください。

器　もう、離さないでほしい！　もう離さないで。あげないで。取られないで。もう苦しいのはたくさん。つらい思いをするのは、もういやだ。はぁ～。

上　今、取られたと言いましたよね。

器　う～ん。

上　取られた責任は、取った方に一〇〇%責任がある？

器　ない!!　本人、本人にある。

上　取られた側にも責任がある？

器　ある。しっかりと、抱えてくれないから取られる。

上　しっかりと抱えるとは、どういうことですか？

器　自分のお金の流れ！　しっかり入れないからダメ。だから取られる。流れないから取られる。

上　持ち主の責任は、入ったお金を自分で使わなくて、相手にも流してやった。だから、器も一緒に行ってしまった。

器　う～ん。

上　半分は、あげたということですか？

器　あげた方も悪い。責任がある。

上　あなたは、しっかりと元に戻ってますか？　戻りましたか？

器　うん、やっと帰ってきました。

上　今、持ち主に、特に望むことはありますか？

器　もう少し、まだ苦しい。

上　もっとお札を、ということですか？

器　なぜだか苦しい。何か分からないけど、重い、苦しい。本人の気持ち…本人の気持ちが、伝わってこない。伝わってこない（泣いている）。

上　本人の気持ちが伝わってこないんだね。それはゆっくり、これから二人だけのときに、伝えてもらいます。いいですか？　一心同体だからね。

器　（泣いている）

上　ワイオ理論を学んでいないのでね、器さんのことが、よく分からないんですよ。だから、学べばね、しっかり器さんの思いもわかります。そしたらその時また、とてもいい関係で、人生共に過ごせると思います。今はこれでいいですか？

器　（うなずく）わかりました。また、やってほしい、今のこと。

上　お札ね。

◇Ｉさんのお金の器さん　H22・2・7　コウ姫

上　Ｉさんのお金の器さんですか？　お話しください。まず、お札使いますか？

器　何ですか、何ですか、お札というのは？

上　後で体験してもらうとして。

器　疲れております。とても、疲れております。う～ん。

上　お札というのは、新しい時代をつくっていくための、新しい力です。これから使いますので、体験してください。

器　何ですか？　早く若返らせて。疲れております。

上　相当疲れているね。

※お札を二枚焚く。

上　どうですか？

器　あ～、とても暖かな日差しを浴びているような気持ちです。少し若くなったように思います。元気になってきました、だんだんと！（急に元気な声で）ふ～。あ～。（気持ちよさそうに）よかった、よかった。一時は、どうなるかと思いました。私、このまま死んじゃうかと思ってました。よかった、よかった、蘇って。

上　今まで、どこにいたんですか？

器　なんか、おじいちゃんの所。まっ暗闇で。その人が、私のエネルギーが少なくて、よく分からない。まったんですよ。でも、よかった、よかった。元の姿に還れて。元の居場所に戻れて。

上　あなたと同じような器さん、おりますか？

器　う〜ん。その人には、二つほどいましたよ。やはり、私と同じように、英気を吸い取られ、しわしわになった人が…気の毒に。

上　どこにいたのか、分からないの？

器　分からないです。男の人の中。

上　なぜそうなったのか、わかりますか？　なぜそこに行ってしまったのか。

器　下心があるから。

上　どんな下心？

器　私が、この人が得になると思って近づいたのが、大間違い。三年前、逆に取られちゃったんだよ。

上　あなたがそこに行った時には、まだそのおじいさんは、元気だったの？

器　うん。まだ勇んでおった。力も、みなぎっておった。どんどん、どんどん、私たちのエネルギーを吸い取って…やだやだ。

上　そうか。その人の名前は知らない？　言えないのかな？

器　言っちゃいけない鉄則。う～ん。

上　そうだよね。そのおじいちゃんも、もう動けないよね。

器　うん。もう無理だと思う。

上　宗教という名のおじいちゃんかな？

器　ピンポ～ン。ふっ、ふっ、鋭いねぇ～。

上　これからは、本当の持ち主と、楽しく人生、やっていってください。

器　はい、ありがとうございました。

上　おめでとうございます。

器　ありがとう。

◇Kさんのお金の器さん　H22・2・7　コウ姫

上　Kさんのお金の器さんですか？　お話しください。

器　重いぞ、重いぞ、重い、重いよ。う～ん。まだ働けない。う～ん。働けない。

上　何が？

器　重いよ。

上　何かに縛りつけられているのかな？

器　重いよ。あ〜、あ〜、取ってほしい。

上　ちょっと待ってね。

※お札を「Kのお金の器の前々世の因縁」で、二枚焚く。

器　だめ、まだ、まだ取れん（苦しそう）。

上　ちょっと待ってね。

※「Kのお金の器の前々世のマイナスの契約」で、二枚焚く。

器　まんじ、まんじを取れ!!　まんじを取れ（苦しそう）。

上　まだ楽になれないんだね？　まんじを取れ？　呪縛だね？

器　解いて、解いてくれ。解いてほしい。

上　（光を送り、光の剣で何度も斬る）

器　根が深い（苦しそう）。

上　（光の剣で斬っている）

器　あ〜、やっと生きた心地がした。死ぬかと思った。あ〜。何ですか、これは？　いったい、

　何ですか？　何ですか？
上　お札というものです。
器　今までのこと、何ですか？
上　前々世のね…。
器　こんなんなっちゃうんですか、私は。
上　うん、大変だったね。もう大丈夫だよ。

※お札を一枚焚く。

上　どうかね、少し楽になったかね？
器　大丈夫。ありがとう。
上　あなたは、いつから今のような状態になったんですか？
器　昔から。この人といたら、もっと苦しくて、苦しくって！　う～ん。とにかく苦しくて…
　はあ～。
上　ま、前世の因縁だからね。それも、もう消えたからね。もう大丈夫だよ。
器　もう断ち切れましたか？
上　大丈夫。

器　はぁ～。よかった。あ～。

上　これからは、持ち主と一緒に、新しい時代、創造していくために、一緒にワイオ理論を学んでください。

器　ワイオ理論？

上　うん、今日も皆で学んでいました。

器　う～ん。よく分からないけど、本人が望んでいるなら、一緒に私も学んでいきます。

K　よろしくお願いします。

器　こちらこそ、ありがとう。

K　ありがとうございました。お疲れさまでございました。

◇Mさんのお金の器さん（穴）　H22・2・7　コウ姫

上　Mさんのお金の器さんですか？

器　はい、そうです。

上　お話しください。

器　よかったですね～。これで、私とあなたの恵財が滞ることなく、私がまわしていきまする。

上　器に穴があいていましたが、原因をお話しくださいますか？

器　自分を蔑《ないがし》ろにしすぎです。あなたは、穴をあけた原因がどこにあると思いますか？

M　たぶん、人のことばかり気にしているところ。

器　そう、そうです。まず、自分のことをしっかりやってね。まずは、自分です。人のためではなく、まずは自分。自分がしっかりできたら、人のことができまする。

M　わかりました。

上　器に穴があいたのは、本人の責任もありますが、誰かがあけましたよね？

器　それは、言ってはいけない掟です。

上　まあ、その掟も、もう消えますけどね。

器　そうですか。

上　よかったら、多くの同じ苦しみを味わっている方に、原因を伝えていきたいと思います。

器　そうですね。できれば、私は望んでいます。しっかりしてください。お願いします。お御魂の想いをしっかり受け取ってください。お願いします。私からも、お願いします。

上　お札を使った感想を聞かせてくれますか？

器　やはり、心地がいいです。人と会っていればゴミもつきまする。ま、本人の責任でもありまするがね。思いやりと情けは、違います。

上　その、思いやりにつけ込んで、何者かが器に穴をあけて、器のエネルギーを、いつも抜き取っていた。

器　ほかにも、いっぱいおりまする。まずは自己責任。自分にも非があるから、穴をあけられるんです。どうかお忘れなく。お願いします。あなたには、私しかいません。他の器が入ることは無理です。循環させてくださいませ。

上　共に、ワイオ理論を聞いていただきました。

器　いつも聞いています。

上　器さんにとっては、ワイオ理論はどうですか？

器　とてもこれは、自然のことであります。当たり前のことができない皆がおりまする。ま〜、それも仕方のないことでしょう。私たちは昔から、人間と共に歩んできました。今の時代になり、やっとこうして、想いを伝えることができるようになりました。とても嬉しい限りでございまする。

上　はい。新しい時代の創造、共に力を合わせて進めていきたいと思います。よろしくお願いいたします。

器　ありがとうございました。

M　ありがとうございました。

上　ありがとうございました。

◇Yさんのお金の器さん　H22・2・9　マコ姫

私の存在に気づくきっかけとなった、今日の出来事は、あなたにとって、記念する日となりました。肉体の中には、さまざまな人たちが存在し、おのおのが倫幸へと生きるために、お働きされております。これからの時代は、すべての人々が幸せに生きる、ただそれだけ、そのための努力は、惜しみなく注ぎこまれます。嬉しいことですね。私もまるで、つくり変えられたように整っております。感謝の思いは尽きません。このような出来事を知ることができるのも、あなたの常日頃の、素直な日々の生活があったからこそ、今ここにいるのですね。これから、ワイオを深く知ることで、あなたの人生は深みを増し、楽に生きていくことができますね。よかったですね。ありがとうございました。

◇Nさんのお金の器さん（盗）　H22・2・10　ミコ姫

※震えながら出てきて

恩情をかけた相手が、その優しさにつけ込み、本人には気づかぬように持ち去ったのじゃ。そなたが自立の意味を、心底理解せねばのう。時には、心を鬼にすることも必要じゃ。心やさしきそなたのもとで、働きたいと思っておるぞ。共に潤いある人生を願っておるぞ。進むべき道は、ただ一つじゃ。精進なされよ。

◇Sさんのお金の器さん（ひび割れ）　H22・2・10　ミコ姫

※Sさんを心配し、気遣っている感じが伝わってきた。

（なぜ、器にひびが入ったのか、原因をお話しください）

う〜ん。そうじゃ。原因がわからんことには、修復はできぬからなぁ。よくぞ聞いてくださいました。この者は、真面目に、ただひたすら、いやな顔もせずに、我慢して仕事をこなしてきておる。それが積もり積もって、（器に）圧迫を加える結果となったのじゃ。今までの世の中は、それが常識。仕方のないことよのう。ガマンはやめて、もっと楽に生きる道もあると伝えたい。これからは、楽しんで人生を送る者と一緒に歩む時代じゃ。そなたにも可能なことぞ。よろしく頼みます。

◇Yさんのお金の器さん（ひび割れ）　H22・2・10　ミコ姫

本日は、ありがとうございました。私は、長くひびの入ったままで、この者とおりました。とは申しましても、つらい時ばかりではなく、楽しみも分かち合いながら参りました。今後は、本当の幸せのために動いた時こそ、器の本来の働きを、見て、感じてもらえます。何を言いたいか、お分かりですね？　真の理論を学び、内なる光を輝かせて、人生をお送りくださいね。暗闇の中の灯台となって。

※Yさんの魂の記録が表面に出てきた時から、器さんの力が発揮されることを伝えたくて出てきた。

◇Nさんのお金の器さん（プレゼント）　H22・2・10　ミコ姫

あなたには、とても感謝しています。私の存在をいつも感じ、大事にしていただいて幸せです。どうしたら、皆が生き生きと暮らしていけるのか…まず、自分を正常に保つことが一番と思う、あなたの健気《けなげ》さが、大好きです。人間ですから、悩む時もありますね。それも大切な経験なのです。その経験は、智恵の泉へと回帰していくのです。金、銀だけの器だけでなく、今日、あなたに、智恵の器を差し上げます。あなたが体験したすべてを、この器に入れ、最良のタイミングで、最良の智恵として出すための器です。どうぞお使いください。

※ニコニコして、嬉しそうに話されていた。

◇Oさんのお金の器さん（同情で移動。ひび割れ四合目）　H22・2・13　ミコ姫

本日は、お呼びくださり、大変光栄です。やっと戻って来ることができて、嬉しく思います。長い間、持ち主のもとを離れておりましたので、古巣を懐かしみながら、あるべき形に馴染むまで、少々時間を頂きたいと存じます。すべてが整った暁には、楽しく働かせていただきます。定期的に、ゴミ掃除、よろしくお願いいたします。

※十年間の長い間、器のない状態が続いていた。

◇Iさんの器のヒビ　マコ姫

※二月十五日に、器のひび割れを修正。

〈Iさんのメールより〉

一月のセミナーで、「器にひびが入っていますよ」と先生から言われ、「来月に修復しましょう」とのこと。「えっ!!　すぐじゃないんだ。少しがっかり。(+_+)」

二月十五日のセミナーで、修復していただきました。ところが、翌日の朝、何年も前にお金を貸していた友人から、遅くなってごめんなさい、と、借りていたお金を振り込みました、とのメールがありました。びっくり!!　きっと、鈍い私のために、わかりやすい形で、協力してくださっている方々や魂さんが、器を修正したことを教えてくれていると思います。先生、ありがとうございました。

◇Aさんのお金の器さん　H22・2・16　コウ姫

上　器さんに穴があけられていましたね。

器　はい。

上　そのことについて、少しお話しくださいますか？

器　何とも表現しがたい、何とも言えない気持ちです。

上　あいた穴、今閉じましたが、そのことは、嬉しいことじゃないのですか？

器　元の形に修復していただいたことは、とても嬉しく思います。しかし、同じ環境にいることで、また同じことの繰り返しになることは分かっています。

上　今の会社との関係がある限り、またあくということですよね？

器　はい。

上　器さんと共に生存することによって？

器　はい。

上　縁のある私どもにとっても、できるだけのことを、力を尽くしていきたいと思っております。

器　はい。よろしくお願いいたします。

上　お札を使わせていただきましたが、どうでしょうか。

器　とても軽く感じます。器の中は、穴があいていると、エネルギーは漏れていきます。その器の中は、とても重く、違和感のある状態でした。いいようのない空間でした。異質なエネルギーとでもいいましょうか。

上　Aさんと同じように、器さんも耐えてこられたことと思います。

器　はい。

上　もうこれからは、すべての人間が、そのような環境に生きることはない時代になっていきます。願わくは、そのような世の中、新しい時代を創造するために、Aさんにも、器さんと共に歩いていっていただくよう願います。

器　心より望みます。

上　器さんとして、Aさんに何か、お言葉ございますか？

器　すべてのことは承知で。もう耐えること、我慢することをやめること。会社の結びつきは、もう切れました。あまり深く思いこまず、一歩踏み出してください。何とかなる。ありがとうございました。

◇Dさんのお金の器さん　H22・2・27　ミコ姫

本日は、お呼びいただき、ありがとうございます。今まで、どんなにつらかったことでしょう。口では言い表せないほどの、深い心の闇に、あなたはさすらいながら生きてきましたね。どんなに心配しても、先のことは分かりません。与えられたこの瞬間を、今後は、大切に、生きていっていただきたいと思っています。あなたが楽しいと思う時、私も一緒に楽しませてもらっているのです。あなたが悲しむ時、共に涙をこらえております。ですから、新しいエネルギーの循環を起こすためには、人生を楽しむことが大事なのです。どうかゆったりと構えて生きてみてはいかがですか？　あなたの思いが満たされて、この器に、とくとくと注ぎこまれて、それが、お金という目に見えるものに変わっていきます。楽しみにしていてください。よろしくお願いします。

◇Sさんのお金の器さん（器なし）　H22・3・6　コウ姫

上　Sさんのお金の器さんですか？

器　はい。

上　お話しください。

器　非常に疲れてます。う～ん。働けないです。

上　はい。これから、お札を使わせていただきますので、すぐ疲れが取れると思います。やはり、今までの所で、汚いお金が入ってきたようで、少しゴミがたまってますね。

器　はい（うなずかれる）。

上　器の周りについたゴミは、これからお札で取り除きます。中のゴミは、しばらくお待ちください。

器　分かりました。

上　きれいに、生まれ変わったように、取り除くことができますのでね。安心してお待ちください。

※「Sさんのお金の器さん」で、お札を二枚焚く。

器　（両手を前に）受け取ってください。受け取ってください。

上　少し楽になりましたか？

器　はい。

上　離れてしまったその時のこと、少し話していただけますか？

器　つろうございます。その時のことは、つらく、とてもつらく。

S　なんで離れたんでしょうか？

器　あなたに原因があります。あなた自身です。

S　どういう理由で？　原因は？

器　あなたの御魂さんに聞いてください。あなたは私ですが、お御魂さんと、そのことを確認してみてください。わたしの口からは言えません。

S　どうやって確認取ったらいいいんやろ？　いいんですか？　御魂さんと？

器　とても、その時の状況、つろうございます。

S　やはり、電話のあの仕事をしたこと自体が悪かった？

器　お御魂さんは、それを望んでましたか？

S　それは、私にはわからなかった。

器　私は、ずっとあなたの所にいたかった。ずっと、ずっと。

S　でも今は、先生のおかげで、また私の所に戻ってこれた。元に戻していただけたので、今からは、ずっと一緒。でも、ああいう仕事はしないので、安心して、私と一緒にいてほしいです。

器　一緒にいます。記憶を消してください。記憶を消してください。つらい記憶を消してください。なぜか分からないんですけど、残ってます。

※「Sさんのお金の器さんのつらい記憶」で二枚。

器　（苦しそう）

上　これから器さんは、Sさんと共に、新しい皇の時代を創造していかれます。素晴らしい仕事です。器さんの本当の力が、これから、本当の持ち主と共に、大きく働きます。その働きの中で、あのいやな記憶も消えます。今全部、あの記憶を吐き出してくださいね。このお札に乗せてくださいね。

※上記のお札を焚く。

上　どうですか？

器　楽になりました。ありがとうございます。

上　これが、これから一緒に新しい時代を創造する力の一部です。

器　はい、確かに。体感させていただきました。

上　長い間、つらい思いを致しました。そのことが、これからの時代創造のために、大きな力になることと思います。

器　はい、しっかりと、Sと一緒に歩んでいきます。ありがとうございました。

上　よろしくお願いいたします。

S　ありがとうございました。

◇Uさんのお金の器さん（無・情）　H22・3・6　コウ姫

上　Uさんのお金の器さんですか？

器　う～ん。う～ん。う～ん（お腹に手を当てている）。

上　Uさんのお金の器さんですか？

器　認識ができません（とてもつらそう）。

上　あなたは、Bさんの所に行っていましたね？

器　行きたくて、行ったわけではありません。

上　どうして行ってしまったの？

器　本人が、あげちゃったんですよ、本人が。

上　Bさんに、同情したんだね？

器　身も心もささげてしまって。

上　とても仲の良い兄弟なんだ？

器　ダメですよ。

上　一つしかないからね。

器　このしわを、修正してほしいんですけど。

上　何を？

器　しわ。

上　しわ！

器　しわが出ている。

上　しわが出ている。ちょっと待ってね。今、お札というものを使いますからね、しばらくお待ちください。器が縮んでしまった、ということかな？

器　そういうことです。張りがありません。張りがない。

上　張りがないんだね。元気がないんだね。どのくらい前に移動したか、分かりますか？

器　一年。一年。

上　一年くらい前。

器　う〜ん。う〜ん。う〜ん。

上　このお札、見えますか？

器　何？　何？　何、これ？

上　見える？

器　何、これは？

上　じゃ、これからね、器さんが楽になるようにするのでね。

※お札を一枚焚く。

上　どうですか？

器　エネルギーが戻ってきました。

上　少し元気になったね。もう一枚やるね。

器　まだまだ。

上　Bさんの所では、元気に働けなかったんだね？

器　本人も苦しいんです。その人…なんとかしてあげたかったけど、私の力では及びません。

上　それぞれ、自分の問題だからね。

器　そうです。

上　本人もまた、自分の力で元気になれるので、あなたは、Uさんのもとへ帰ってきたので、また仲良く一緒に、人生を歩んでください。

器　はい。

※お札をもう一枚焚く。

上　Uさんに、何か話すことありますか？

器　しっかり、私とつながって、これから歩んでください。あなたの器ですよ、私。お願いします（泣く）。

上　本人は、初めてのことなので、よく分からないんだけど、あなたの言葉は、しっかりと伝わっています。

器　はい。

上　ひび割れたのは、自分で分かりましたか？

器　本人？

上　あなた自身、ひび割れましたよね？　Uさんから離れたことが心配で、割れたんですか？

器　いる時から割れてました。

上　あ～、いる時からね。

器　元気になってほしいです。

上　今日は、器さんと一緒に、これからの人生、元気に生きていく話を聞いてもらっていたので、もう心配しなくても大丈夫だと思います。

器　二度と離れることはないんですか？

上　そのことを、本人によく伝えておきますね。

器　はい、お願いします。あなたの、あなたの身体の一部と思ってください。お願いします。

U　はい。

上　要するにね、そうやって自分の思ったり考えたりしたことが、見えない世界に、とても大きく影響を与える。誰でも一つ、自分のお金のエネルギーの入る器を持っているんだけど、相手のことを心配して同情すると、その思いが器さんにしっかり伝わって、移動してしまう。相手の所に行って、助けてやろうということになる。具体的にお金を、ず〜っと、自分の所に入ってきたお金を、相手にやるのも同じ。強く思っても同じ。もっとも、思っただけでは行かない場合もあるし、思っただけでも行く場合もあったり。いろいろなんだけどね。ある程度援助しても、余裕がある形であれば、そう簡単には行かないし、いろいろなんだけど、とにかく、Bさんがとても大変であれば、本人がとても大事な学びをしている。

器　器の違い。器以上のことをすれば、器は行ってしまう。それだけのこと。

上　で、貴重な学びをしているから、今は特別心配したり、器以上に助けてやることをしない方がいい、ということなんだよね。表面に出てきた結果は、常に、見えない原因の世界で、はじめに動きがあってね、そして結果として出てくる。器がないと、経済的には、決してよい状態にはならない。いくら収入があったとしても、自分が使えない状態になる。がんばって収入を得ようとしても、入れる器がないと入ってこない。いいですか？

U　はい。

上　ご苦労さまでした。

◇Hさんのお金の器さん　H22・5・3　ミコ姫

戻ってきております。このたびは、本当にお世話になりました。あなたが私の心を感じてくれたこと、嬉しいです。人生を歩むためには、器がなくては、思うような幸せを得られないのは確かです。ですが、それ以上に大切なことは、「どう生きたいのか」「本人の望む幸せは、魂の望むものなのか」です。私たちの働きは、ワクワク感の度合いに比例していますよ。これからも一緒に、人生を楽しんでいきましょう。

◇Mさんのお金の器さん　H22・5・3　ミコ姫

ずっと前から、ひびが入っていてつらかった。上志満殿のお光により、修復された場所が、ほのかに温かく、今もキラキラと輝いております。あまりにも高次の光なので、言葉にできぬ光です。ありがたく感謝しております。

あなたから流れ出るエネルギーは、良い時も悪い時も、すべて回り、循環してあなたに戻ってきます。そして、器にも影響を与え、結果をもたらすのです。どのようなエネルギーを放出したのか、結果を見て感じて、自分で判断してください。自立こそが、真の幸せを得る鍵です。良きパートナーとして、共に歩んでくだされ。

◇Sさんのお金の器さん（穴の修正）　H22・5・9　コウ姫

上　Sさんのお金の器さんですか？

S　（お札を二枚書く）

上　Sさんのお金の器さん、今、お札を使います。お札に乗ってくださいね。

S　（お札を焚く）

上　器さん、お言葉出せますか？

器　（うつむいたまま、首を横に振る）

上　何かが邪魔をしているね。そうか、そうか、Wさんが来ているんだね。抑えられている。

器　うん。苦しい。

上　（光の剣を使う）

器　苦しかった。苦しかった。こうして、しっかり、しっかり、はぁ〜、しっかり、しっかり、あなたと私は一緒よ。あなたの優しさにつけ込まれたのよ。優しすぎるから。でもよかった、自由になれてよかった。はぁ〜。あなた大好き！　ありがとう、ありがとう…。

S　大事にします。大事にします。手離しません。ごめんなさい。

器　優しすぎるから。すきを見せちゃダメ。

S　はい。分かりました。

器　変なものが言い寄ってきても、ダメ。

S　はい。

器　ありがとう。

S　すみませんでした。

器　もう大丈夫。

S　苦しくないですか？

器　うん、もう大丈夫（泣きながら）。

S　よかったです（泣きながら）。

器　あなたの心が、ドクドクと、ここに伝わってきている。嬉しいな。ありがとう、ありがとう。大好きですよ。

S　大事にします。ありがとうございました。

器　一緒に生きていこうね。

Ｓ　はい。もうだまされません。ありがとう。つらかったですね。

器　本来の、輝かしいあなたでいてね。ありがとう。

Ｓ　一緒にいてくださいね。

器　もちろん。

◇Ｓさんのお金の器さん（器なし）　Ｈ22・5・9　コウ姫

上　誰かのお金の面倒をみた？

Ｓ　娘の肌荒れ、アトピーの薬。

上　アトピーの原因は聞いている？

Ｓ　体質。

上　そう言うしかないもんね。いつから出来ている？

Ｓ　小さい頃から。

上　前世の記録が原因。アトピーの薬のベルピレージュ、皇のエネルギーが入っている良い商品（ゴミ、八％入っている）。Ｓさんのお金の器さん、今からお札、燃やしますね。

※お札を二枚焚く。

上　いろいろ、本人に話してあげてください。

器　お久しぶり。お久しぶりですね。もう離しちゃダメですよ。

S　はい。人に同情するのはやめます。

器　そう。優しすぎるのはダメ。もっとしっかりしてね。本当の御魂さんは、とても強いお方だと思いますよ。本来の姿じゃないでしょ。今の姿じゃないはずよ。しっかり者のお母さんでしょ。いろんなものに惑わされないようにね。貴重な体験、ありがとう、ありがとう。よかったね、よかったね。ありがとう。

◇Oさんのお金の器さん（器なし）　H22・5・9　コウ姫

上　Oさんのお金の器さんですか？　何かつらいところありますか？

器　ゴミ、ゴミ。

上　ゴミが八%くらい、器に入ってるよね。周りにも、だいぶついてますよね、ゴミがね。その周りのゴミを…。

器　後ろについている。

上　後ろにね。

器　取ってください。取ってください。

０　（お札を二枚焚く）

器　キラキラ、キラキラ、キラキラしています。

上　背中のものは取れましたか？

器　はい、取れました。

上　はい。どうぞ本人に、言葉をかけてやってください。

器　人が良すぎるからね。優しいからね。でも、もう離さないでください。

０　はい。

器　あなたと私は、いつも一緒です。あなたの経済は、私が、私がいなければ、回っていかないですよ。共にしっかり人生を歩んでいきましょうね。お願いします。

０　はい。

器　よかったね〜。元の古巣に戻れた。よかった、よかった。やはり一番だ、あなたの所が一番です。ありがとう、戻してくれて。ありがとう。

上　はい。長い間、ご苦労さまでした。どうぞ持ち主と一緒に、新しい時代創造のために、お力を発揮してください。

器　何？　新しい創造って。

上　持ち主と一緒に、ワイオ理論を聞いてくださいね。これから新しい時代を造る、新しい理論です。

器　う〜ん、よく分かんないけど、本人が何て言ってるのかな。

上　あなたの中に入るお金のエネルギーも、これからは、新しい時代のエネルギーが入ります。そのことを、よく感じ取ってください。

器　はい、分かりました。承知しました。

上　よろしくお願いします。

器　ありがとう、ありがとうございました。

◇M・Kさんのお金の器さん（穴、ヒビ、ゴミ）　H22・6・5　コウ姫

上　ゴミは取れたけど、鎖で縛りつけられている。ひび割れも、穴もふさいだよね？

器　うん（うなずく）。

上　その会社が、鎖で縛りつけているんだね？

器　そう。う〜ん、う〜ん（とてもつらそう）。エネルギーが入り込んでいる。

上　エネルギーを吸い取る装置もつけられている？

器　エネルギーが入り込んでいる。

上　入り込んでいる。そうか、ちょっと待てよ…その…。

器　F銀行。

上　F銀行のエネルギーが抑え込んでいるの？

器　うん。

上　どこから入ってきている？　背中？

器　うん。

上　鎖で縛りつけられている以外にも、そういう形になっている？

器　うん。

上　ほう、さすが！　銀行！

器　また、また（苦しくつらそう）。

上　また、エネルギーが来ている。そうか〜。（杖でエネルギーの元を破壊）さすが銀行だね。祖の中心的な力を持っているのでね。どうですか？　まだ何かあるの？

器　働きたいが…怖い（弱々しい声で）。

上　うん、そうだよね。よく分かりました。これからは、宇宙の法則が変わって、この銀行を動かしているエネルギーも、次第にどんどん、少なくなっていきます。そして、企業という形で、そこに働く人たちを縛りつける、抑えることができなくなってくる。本当に、幸いのことに、このワイオ理論と縁が出来たので、消えていく職業にいるということは、自分の人生も次第に消えていくということ…。

器　私も消えるのですか？

上　だから、今の環境から、できるだけ早く、消えていく銀行という組織、仕組みから離れなければ、また穴があけられる、ヒビが入ることがある。幸いに、あなたの持ち主は、この理論と縁が出来たので、必ず、本来のあなたの力が、持ち主に一〇〇%働くことができるような環境に、変わっていくと思います。

器　分かりました。

上　しばらくはね、またつらい思いをされるかもしれないけれど、こちらも、銀行という組織がよく分かりました。これから、しっかりと対応していきます。

器　ありがとう。苦しい思いが言えてよかった。

上　うん、よかったね。あなたの持ち主は、とても賢い人だね。

器　もちろん。素晴らしい人間です。ただ、怖いだけ、私は…。

※お札を一枚焚く。

上　持ち主に、何か話しかけてくれる?

器　早く、今の仕事、ただ生きるための糧として、割り切ってほしい。本来の魂さんの思いを出してあげてください。あなたの魂の声が聞こえてこない、感じられない。もっと、私が働けるような環境にしてください。

M　はい。

器　本来は、もっと、もっと、元気よく働けるんですよ、私。見ててください。お願いします。

M　分かりました。

器　（一礼される）

※祖の経済の仕組み、企業の仕組みは、基本的に、搾取するようになっている。他の銀行の搾取仕組みもやはり、器に穴をあけて、エネルギーを抜き取られている。これは、祖の時代の企業の仕組みも同様である。

◇K・Mさんのお金の器さん（無）　H22・6・5　コウ姫

上　Kさんのお金の器さんですか？

器　はい。

上　お話しください。

器　よかった。よかったと思っています。やはり、あなたの所が一番です。情に流されないでください。あなたは人がいいから、でも、良すぎるのも、ほどほどにしてくださいよ。何か私に話しかけてください。

K　今日は、ありがとうございました。

器　これからず～っと一緒にいますから、もう心配いりませんよ。何かあったらお話しください、私に。

K　仕事は、順調にいって、収入は、今あるんですけど、ちょうど、不思議なくらい、年金がありますが、ギリギリで、ゼロになるのが不思議なくらい。

器　私が戻った限り、そんな心配はない。時々は、話しかけてほしい。お願いしますよ。

K　はい。分かりました。

器　よかったね〜。

K　はい。三十年前、事業で失敗しまして、私が悪かったんですが、女性に貢いだもので、会社潰しちゃったんですけど、それからがんばってやってきまして…自殺しようかと思いましたが、それもいろいろありまして、いまだに私の命があるのも、S教に家内が入信して、一生懸命やってきましたけども、三年前に子宮頸癌で亡くなりました。その三年半前が、ちょうど私の、今、お話ししたことがありまして…。

器　まだまだ、人生これからだから。

K　はい。

器　あなたの寿命を全うしてね。

K　はい、分かりました。

器　まだ、まだ、これからですよ。頼みますね！

K　はい。

器　初めての体験、どうもありがとう。
K　はい、ありがとうございました。
上　器さんも一緒に、セミナーで、話を聞いてください。
器　…。
上　皆が幸奮になる話です。
器　皆が幸奮になる？
上　うん。
器　皆が幸奮にはなれない。
上　お金の器さんが、誰も、どっかに行かないように、ひび割れないように、穴をあけられないようにするための話です。
器　ふ〜ん。持ち主の所にず〜っといる、ということ？
上　そうです。
器　じゃあ、私の役割が果たせるということ？
上　そうです。今、器さんが戻ってこられたのも、新しい、皆が幸せに暮らせる時代を造るための力です。
器　分かりました。
上　はい。また一緒に聞いてください。

器　はい。ありがとう

K　ありがとうございました。

◇S・Tさんのお金の器さん（ヒビ）　H22・6・5　コウ姫

上　Sさんのお金の器さんですか？

器　はい、そうです（元気がない）。

上　お話しください。なぜ、ひび割れたのですか？

器　本人に、確認してください（弱々しい声）。

上　経済的なことで心配すると、一般的には、器にひびが入るんです。そういうことが、今までなかったんですか？

S　経済的には、別に。

上　はい。と、言っていますが、どうですか？

器　いいえ、財布の中身。

上　財布の中身。

器　財布の中身を見て。

上　う～ん？　どういうことですか？

器　う～ん（うつむいたまま）もっと、自立してほしい（大きな声で）。

上　う〜ん、ひび割れていましたよね？
器　うん（うなずく）。
上　なぜ、ひび割れたか、言えますか？
器　頼り過ぎ。自立してほしい。
上　う〜ん、自立しないと、これから経済的に困ることになる、ということを、器さんは心配した？
器　（うなずく）自分のお財布を持って、しっかりと、自分の経済をまわしていく、一番基本よ。
上　うん。ずいぶん元気がないけど、どうしてですか？
器　疲れている。
上　ずっと、ひび割れて、疲れている。
器　そればっかりじゃない。う〜ん、なんだか知らないけど。
上　自分が元気で働けないのが、気持ちとして疲れている？
器　疲れてる。
上　どうすれば、自立できると思いますか？
器　どんなことでもいい、自分が、ここに生きていることを、もっと、しっかりと、私もいるということを…う〜ん（下を向く）。
上　今日、ワイオ理論を聞いて、どう思いましたか？

器　素晴らしい。素晴らしいと思う。

上　器さんは、持ち主と共に、器の働きを、しっかり役目を果たしたいと、お思いですか？

器　もちろん。

上　（光を送る）今、ワイオ理論の、お札というものを体験してもらいます。少し待っててください ね。あなたの疲れが、少し取れるかもしれない。（Sさんに向かって）あの、対話すればいいので、何か話したいことがあったら、話してください。呼びかけてね。

S　自立って、どのようにすればいいですか？　今、働いているんですけども、それとは別なんですか？

器　精心的に強くなること（微かな小さい声で）。

S　精心的な自立ですか。

器　そう。

S　あまり、主人に頼らないことですか？

器　自分は自分だから。私は、あなただから。一緒だから。

S　どうすればいいですか？

上　見えますか？（お札を、器さんに見せる）このお札に乗ってくださいね（お札を二枚書く）。今、あなたに少し、元気がいくかもしれない。ゴミが取れて、気持ちが楽になるかもしれないからね（お札を焚く）。

器　（まだ元気が出ない。泣く）

上　どうでした？

器　働けない、働けない（泣く）。

上　働けない。う～ん。

器　う～ん。

上　お札、逆さに使ってないよね？　上は上で使っているよね？　お札、もう二枚やってもらえる？　とても繊細なんですよね、この器さんは。Sさんも、繊細だと思うんだけども、同じように、とても繊細で、ひび割れやすいんですよ。全く同じようなね。でもね、ひび割れも治ったでしょ？　本人も、ワイオと縁が出来たし、これから本当に自立して、新しい時代をつくる、皆の役に立つ仕事をしていってくれると思います。だから、あなたも元気を出してね。一緒に楽しい人生を送ってください。これから一緒に、まだまだワイオ理論を学んで、そして、多くの人に喜ばれ、本当の、自分の魂の喜ぶ仕事をすれば、器さんも元気になれるよね？

器　もちろん、もちろん。

上　もう一度お札を使うので、体験してください。本人が燃やした方が、器さんが喜んでくれると思うので。

S　（お札を再度、二枚焚く）

器　う〜ん。

上　どうしたの？

器　家紋。

上　うん？

器　家紋、家紋。

上　家紋がどうした？

器　上に…。

上　乗っかっている？

器　家紋。

上　家紋が器の上に乗っかっているの？

器　うん。

上　そうか、S家の家紋ですか？

器　そう。う〜ん。

上　そうだね。先祖供養が必要だね。

器　家紋をどかして。

上　家紋を取り除いて？　重いの？

器　重いの。

上　分かりました。先祖供養をして、先祖の方々に軽くなってもらうのでね。家紋も一緒に持っていってもらいます。先祖の思いから離れて、本当に、個人として自由になるということが必要なんだよね。

器　そうそう、そうそう（体を前後に揺らす）。気持ちが楽になった。

上　S家の先祖で、今やった方がいいかな。本人が書いた方がいいのでね。S家の先祖の方々で、三枚書いてください。今こうやって、幸せに暮らせているのは、S家の先祖の方々のおかげということがあって、そのS家の方々の思いもあって、このワイオに縁が出来た。

先祖の方々は、本当に、子孫のことをず〜っと心配して、ずっと守護してくれて、そして、子孫の幸せのために、ずいぶんがんばってくれた。そのことにしっかり感謝して、お陰さまでワイオと縁が出来ました、S家の今までご先祖さまが積み上げた大きな徳を、これからの新しい時代創造のためにいかしていきます。安心してお札に乗ってください。このお札に、S家の先祖の方々が乗っておられるので、言葉をかけてやってください。自分の言葉でかけてください。そうすると、器のところにのしかかっている家紋というのがね、S家の家紋ですから、それも、重しとしては、取れますのでね。

※お札を三枚焚く。

上　どうですか？

器　やった！　やった！　軽くなった、軽くなった！（元気な声で）

上　よかったね。

器　これで自由に！　あ～、自由になった。これで、しっかり働ける。（Sさんと器さんと、手を握り合う）よかった、よかった。これが本来の姿。よかった、よかった、これが本当の私です。あ～、楽になった。これが本当の姿。私も苦しかった。あなたも苦しかったはずよ。もう大丈夫。

S　ありがとうございます。

器　一緒に歩こうね。お願いします。

◇Kさんのお金の器さん　H22・7・4　コウ姫

上　Kさんの器さんですか？

器　はい。

上　お話しください。

器　ありがとうございます。無事に戻ることができました。やはり本人の所がいいです、居心地が。これからは絶対に離さないでください。お願いします。

K　はい、守っていきます。

器　守るのではない！

K　離しません。

器　いつも一緒に歩むのです。

K　はい、いつも一緒に歩ませてください。

器　あなたの今できることから、一つずつ進んでいきましょうね。

K　私が今一番やることって何でしょう？　できることって何でしょう？

器　それは、お御魂さんと会話してください。

K　はい。

器　ゴミは入れないでね。

K　はい。

器　よかった！

K　ありがとうございます。

器　時には話をしてください。

K　はい。

器　お願いします。

K　ありがとうございます。

器　やはり、本人の所が一番いい！

K　ありがとう、ありがとうございます。

器　ありがとう、ありがとう（泣きながら）。

K　こちらこそ、ありがとうございます。気がつかないで、本当に申し訳ありませんでした。

◇Nさんのお金の器さん　H22・7・7　篤姫

上　Nさんのお金の器さんですか？

器　はい。

上　お話しください。

器　どんなにかこの日が来るのを、一日千秋の思いで、この者の所に戻れることを、戻れることを待ちわびていました。

上　はい。

器　とても苦しく、声を出すこともままならない状態にまで落とされ、もう二度とあなたの所に帰れる日は来ないとさえ思っていました。このように、本来あるべき所に戻していただいた私たち、皆同じように、どれほどの喜びを、その声を聞くたび、私はいつ戻れるのか、ず〜っと待っておりました。はっきりと申し上げます。私があのまま戻れずにいたら、この者の命は、あと数カ月でした。命を助けていただいたこの感謝！　人は皆、罪業を背負いこの世に生を出します。まだまだ罪を償うことは、まだまだできておりません。しかし、尊きこの理論に出合わせていただきました。新しく命を吹き込まれたようです。これでこの者は、少しずつ自らの体に受けるさまざまなものも、私が戻ることにより、少しずつ取り戻す。真の、真の命をここに、安住の場を得る民人は皆同じ。運命を背負い、この世に生を受け、引き合い、呼び合い、求め合い、導かれて、この地に住みついています。それゆえ、皆苦しみを抱え、器をなくした者ばかりでございます。間もなくその者たちにも法則が、一人一人の細胞に差し込まれ、その者たち生きた証しが終わる。しかしその前に、その苦しむ御魂を癒し、あるべき、あるべき魂の故郷へ戻れる者、かつてこの日本国のために戦い、若くして自らの思いも何も口にできず、この日本国のため死んだ多くの御魂、ようやく癒される日を迎えることができました。

◇T・Mさんのお金の器さん（無）　H22・7・　コウ姫

上　Tさん、今コウ姫の中に器さんが入っていますので、対話してください。

T　はい。

上　ちょっと、確認します。Tさんのお金の器さんですか？

器　う～ん。

上　じゃあ、頭をあげてお話しください。

器　立てれない。

上　立てれない？　どんな状態？

器　強い、上から何か。

上　そうか。（光を送る）どうですか？

器　う〜ん。上から抑えられたものがなくなったけども、何かくらくらして。

上　う〜んと、そうか。器さんのBさんの所に行っていた。行ってしまったかな、行ってやらなきゃいけないと思って、自分から行ったのかね？

器　うん。

上　そうだね。それはね、Bさんが、Tさんのスナックに来ることが、とても楽しくて嬉しかったので来たわけで、それは、Tさんが申し訳ないと思う必要は全くないことなんですよね。器さんは、器さんの持ち主のTさんが、とても人間性があるのでね、そういうふうに思っているんだけど、それはきちんと…。

器　泡、泡を出してください。

上　うん？　また何か抑えてきた？

器　泡、泡。

上　泡が抑えている？

器　うん。

上　それは、Bさんの先祖の力だね。

器　くらくらする。

上　くらくらする。ちょっと待ってね。

※「B家の先祖の方々」で三枚。

上　Bさんが、店の経営にずいぶんの力を頂いたことに、しっかり感謝してください。

※「B・S」で三枚。

上　今までのことを感謝して、心の中で。

※お札を六枚焚く。

器　シャボン玉〜。

上　シャボン玉。シャボン玉？　B・Sさんですね？

B　（うなずく）

上　後で、お言葉聞かせていただきます。

B　う〜ん、う〜ん。

上　Bさんが来ています。

B　う〜ん。

T　ありがとね、Bちゃん。今もいっぱい、来てくれてるよ、サッカーの人たち。

B　う〜ん。

T　水曜日と土曜日は、いつも来てくれている。ありがとね。本当に感謝しています。殿（ご主人）も私も、感謝しています。本当にありがとう。

B　う〜ん、う〜ん。

T　何かすることありますか？

上　お言葉を出せない状態ですか？　少し待ってね。今言葉を出せるように、すぐなりますからね。（光を送る）ちょっと待ってね。

B　あ〜、あ〜。ありがとう。あ〜り〜がとう〜。忘れることはいたしません。ありがとう〜。

上　BさんとTさんは、ずいぶん縁が深いですね。前々世から。

B　ずっと、共に生きてきた。う〜ん。

上　で、来世はまた一緒に、人生過ごせますよ。

B　う〜ん、うん、うん。

上　来世はきっと、夫婦かな。

B　う〜ん、好きだからね、う〜ん、う〜ん。

上　今回は、少し早く、記録によって、先にあの世に行ったんだけど、今度生まれてくるときは、この地上は天国になっているので、二人で本当の幸せな人生を、必ず送れます。

B　う〜ん。ありがとう、ありがとう。ごめんね、ごめんね。

上　その時まで、ゆっくり天国でお休みください。

B　ありがとう。

上　もう、どこかつらいところはないですか？

B　声が出ない。苦しい。

上　うん。声が出しにくい。

B　う〜ん。

上　もう、時間とともにね、どんどん出せるようになってきます。しっかりとした形で出せるようになっていくのでね。

B　本当？　怖い。

上　うん？

B　怖い。う〜ん。

上　何が怖いの？

B　声を出すのが怖い。

※「B・Sさんの声が出ない原因の方々」で一枚。

T　B・Sさんの声の出ない原因の方々、どうぞこのお札に乗ってお休みください（お札を焚く）。

上　どうですか？

B　少し楽になりました。

上　よかったね。

B　しゃべることもできず。何も飲むこともできず。声を出せば、ここから何かが出てきそうで。本当に、しゃべればしゃべるほど、首がしまり、とてもつらかった。あ〜、やっと楽になりました。ありがとう。

上　これからは、Tさんと一緒に、セミナーに参加してください。

B　はい。ありがとう。ありがとう。

上　はい。よかった。

T　ありがとうございました。

※TさんとBさんは、靈体、幽体、心の魂結び。

◇N・Sさんのお金の器さん（無）　H22・7　コウ姫

器　やっと落ち着きました。居心地が悪くって、この二年間。よかった。
上　縛りつけられていたんじゃないんだね？
器　いいえ。元気だったですよ、私は。あまりよろしくない方ですね、あの方。
上　そうだね。ちょっとゴミが入っちゃったね。器の中にね。
器　彼は、両面の顔を持っていたからね。いいときもあれば、すっごくいやな時もある。
上　ほかの人の器も、ずいぶん行ってるね。
器　切り離したらいいんじゃない？
上　切り離そうか？
器　彼んとこ、できる、できる。そうすれば、持ち主の所に帰れる。
上　そうか。よし、やってみるか。
器　大慌てするだろうけど。
A　ぜひ、してあげてください。

◇Nさんのお金の器さんのお言葉　H22・7・7　篤姫（敦姫）

上　Nさんのお金の器さんですか？
器　はい。

上　お話しください。

器　どんなにか、この日が来るのを一日千秋の思いで、この者の所に戻れることを、戻れることを、待ちわびておりました。

上　はい。

器　とても苦しく、声を出すこともままならない状態にまで落とされ、もう二度とあなたの所に帰れる日は来ないとさえ思っていました。

このように本来あるべきところに戻していただいた私たち、みな同じようにどれほどの喜びを、その声を聞くたび、私はいつ戻れるのか、ず〜っと待っておりました。はっきり申し上げます。私があのまま戻れずにいたら、この者の命はあと数カ月でした。命を助けていただいたこの感謝！

人は皆、罪業を背負い、この世に生を出します。まだまだ罪を償うことはできておりません。しかし尊きこの理論に出合わせていただきました。新しく命を吹き込まれたようです。これでこの者は少しずつ取り戻す。真の真の命をここに安住の場を得る民人は皆同じ。運命を背負い、この世に生を受け、引き合い、呼び合い、求め合い、導かれてこの地に住みついていきます。それゆえ、皆、苦しみを抱え、器をなくしたものばかりでございます。間もなくその者たちにも法則が一人一人の細胞に差し込まれ、その者たち生きた証しが終わる。

魂の故郷へ戻れる者、かつてこの日本国のために戦い、若くして自らの思いも口にできず、この日本国のために死んだ多くの御魂、ようやく癒される日を迎えることができました。私の役割は果たせました。

上　ここにあなた様を呼び、この地に眠る多くの迷える御魂を、安らかな場所に連れていく手順を踏みますというのが、私とこの者が生を受けた大きな役割と思ってください。

器　分かりました。

上　いかほどの御魂が今、成仏を知らせてまいりました。これにて私の役割をここに皆様方に報告をさせていただきます。

器　ありがとうございました。

上　よろしくお願い申し上げます。

器　しかとうけたまわりました。

◇I・Rさんのお金の器さん（M・Kに穴をあけられた）　H22・7・18　恵香姫

上　I・Rさんのお金の器さんですか？　いろいろとお話しください。

器　何か…すごく怖かった。そこはとても華やかなんだけど…皆が笑顔でいるんだけど…そこはすごく怖かった。

上　穴をあけられましたね？　入社してどれくらい？

器　三カ月。

上　三カ月ですか。今はどうですか？

器　安心していいんですか？　ちょっとこわい。

上　うん。持ち主のIさんがワイオ理論と縁が出来たので、安心してください。今からお札で、器のゴミをとりますので。

※お札を二枚焚く。

上　どうですか？

器　あったかい。

上　これが、新しい時代をつくっていく力の一つです。もう心配はいりません。

器　なんか、あったかくて安心する。なんか、ここが自分の場所だって、戻ってこれた気がする。私はこの人が、大好きなんです。

I　(涙を流す)

器　私はね、あなたの笑顔が大好き。あなた自身のために笑ってほしい。人のために笑ったりとか…あなたはそれができる人だけど、どうか自分のために笑ってほしい。やっと戻ってこれた。

上　Iさん、手をとって。
　　（二人、手を取り合い、涙を流す）

器　いつでも一緒にいる。私は、あなたが心から笑っていられれば、ここから離れない。いられるから。あなたはとっても優しい人、とっても優しい人。だから、あなたのために笑って。何にも心配いらないね。そうですね。

上　はい。

器　私はあなたの力になりたい。そうさせてくれるのも、あなただから。いつもあなたのそばにいるから。一人じゃないから。（Iさんに対して）ありがとう。（先生に対して）ありがとうございます。あったかいですね。これを忘れたくない。

◇Sさんのお金の器さん　H22・9・24　篤姫
※情により、器の移動、ヒビ三合あり

上　Sさんのお金の器さんですか？

器　はい。

上　お話しください。

器　やっとあなたの所に戻ることができて、こんな嬉しいことはありません。どんなにあなたの元に帰りたくて、帰りたくて、気づいていただけぬのかと日々悲しく苦しい思いをしておりました。本当に命をつないでいただいたのと同じことです。今ここで、私があなたの元に帰ることができなかったら…とてもつらいことですが、あなたの命はそんなに長くはなかった。そんな理不尽なことは…と、どれほど今日という日を待って、待って待ちわびておりましたか（涙声）。しかし、あの方があの方が声をかけてくださらなかったら…と、あなたは思っているかもしれませんが、実はあの方ではなく、小笠原慎吾先生の導きです。導いてくださったのも、すべて小笠原慎吾先生です。このことを、今日ははっきりとあなたに伝えることができ、言葉に表せないほどの感激を今味わっております。これでエネルギーが、まこと正しく本来の魂の記録を表現していくエネルギーが、存分に満ちあふれてくるその道がつけられました。

S　なにか、身体が熱くなってきました。

器　本当にあなたが全身でこのエネルギーを感じていくのは、これからです。

S　今この話を聞いて、あなたはどのようにお考えですか？

本当のところはまだ半信半疑のところがありまして、すぐに一〇〇%受け入れるということはできないのですが…。でも、ここにこうして導いていただいたことのご縁の不思議さには、必ず意味があることと思っています。

これから精進して、お札で身を清め、この道をまい進していけるようにがんばりたいと思っています。

器　よくぞ、おっしゃっていただきました。私たちがこの世に共に生を受けたこと、今までのあなたの人生はその記録が何一つといってよいほど出ていなかったことは間違いありません。ただ、ただ一つだけ救われるのは、このワイオから離れなかったことです。

器S　本当にそうです。それだけが心の支えでした。

器S　これがすべての導きになっていきます。ここで私が、このようにあなたの所に返していただいたのですから、これからその素晴らしい成果をあなたに示していきたいと、今私は、強く、強くその思いに胸をかきたてられております。

ありがとうございます。

器　今を生きている人のほとんどは、このことの真の意味を何一つわかっておりません。この大きな変革を前にして、まことと、あるべきあなたの元にこうして戻していただいたことで、どれほど大きな力を得たか。今、器をなくし、私がかつて抱いた苦しみと不安と、言いようのない悔しさを多くの人が体験していることを知りながら、(涙声) 何もしてあげられない…この悔しさが、どう伝えたら伝わっていくのか…。

今、とてもとても責任さえ感じていますが…上志満さま。

上　はい。

器　私のように、帰りたくて、帰りたくて、帰れなくて、(涙声) 苦しみ、さまよい嘆く器のエネルギーを、とても今強く感じております（涙）。どうか、これを一人でも多く心ある方に届けていただけますようにお願い申し上げます（涙声）。

上　はい。

器　取り乱してまことに申し訳ありません。

上　とても大事なお言葉をいただきました。ありがとうございます。

器　本当に心から感謝申し上げます。ありがとうございました。

S　戻ってきていただいて本当にありがとうございます。

※お札を二枚焚く。

☆　☆　☆

お金の器さんの言葉を読まれて、どのように感じられたであろうか？　ここで改めて、これはフィクションではないことをお断り申し上げておく。

お金は、自然界で例えれば、すべての生命を生かす命の水であり、身体で例えれば「血液」である。

人間は、世の中で生きていく時、ある程度のお金が絶対に必要である。お金は、水と血液と同じ役割を持って存在している。世の中が多くのそれぞれの分野の働きに分かれて成り立っているように、人間の肉躰もさまざまな働きの役割分担によって生かされている。そして、世の中の各分野の働き、仕組み、システムもまた、他との関連を持ちながら、独立、自立して存在している。肉躰の働きもまた同じで、心臓、肝臓など各臓器の働きも、他の臓器の働きと関連しながら、心と脳が対になってその役割を果たしているのである。

さらに、人間の存在は、魂、靈、靈体、幽体、肉躰、物体との働きに分かれているが、われわれが確認できるのは、肉躰と物体の働きだけである。他の存在の働き、役割は、現在の学問の力では解明されていないのである。

改めて、脳に心に、しっかりと入れていただきたい。物事の結果のすべて、また肉躰、物体に現れているすべては、魂、靈、靈体、幽体のつくった原因による結果なのである。原因が正常でなければ、正常な結果はあり得ない。望む結果は得られない。

これは、一個人の問題ではなく、世界人類全体の問題であり、さらに肉体の異常のみではなく、政治、経済、医療、教育などすべての分野において共通した宇宙を貫く因果の法則である。

自分の器が正常であるかどうかを確認して、異常であれば、異常になった原因を知り、正常にすることをお勧めする。

第三章　魂結《たまむす》び

魂結び（ソウルメイト）

いよいよ始まる皇の時代（本当の精心文明）の創造。

魂結《たまむす》び――それは、人生の目的、倫幸《やっこう》を得る、自立に向かっての自己確立の創造でもある。自己の確立、即ち、倫幸の実現である。人間は一人では生きていけない。ならば、対人間関係は極めて重要である。しかし、正常な人間関係を育み、保つことは、実に大変な努力が必要である。それは、古今東西の歴史が証明している。

目に見える人間関係の修正、修復よりも、その異常の元になる、見えない世界の原因を正常にすることこそ、基本的に重要、必要であることが、ワイオ理論によって解明された。

結婚相手、親子、兄弟、友人、仕事仲間など、初めに縁をつけてくれるのは、今までは先祖。これからは、龍神さんの働き、役割に変わった。その役割を果たすため、今まで封印されていたピンクの龍神さんも、どんどん出てこられている。

自分にとって、本当の人間関係（魂結び＝魂の記録による縁）の相手を、龍神さんが見つけてくれる。二千五百年の時を経て、ようやくそのことが許される時代が来たのだ。龍神さんの方々も、心のある存在である。自分の心、思いを、龍神さんに聞いていただき、お力を発揮していただきましょう。

龍神さんたちも、それを待っている。龍神さんの役割に対し、その縁を育て、守っていくことは、自分がやるべきこと。その知識を得るために、ワイオ理論を学ぶ必要がある。

※魂の進加・進化においては、当然ながら、他者の自己確立への協力がある。

◇ピンクの龍神様　Ｈ21・10・14　マコ姫

上　ピンクの龍神様ですか？

龍　さようにございます。（女性の声）

上　女神様、ということにございますか？

龍　さように。

上　お言葉、頂戴《ちょうだい》いたします。

龍　これからの新しき時代、真に、真に、めでたき時代が。男と女の、魂結びを結んでいきます。

上　ありがとうございます。

龍　今までの御縁は、夫婦といえども、なかなか反りも合わず、家と家とのしがらみ、それぞれを縛り、自由な思いも、持つこともできず。これからは、しっかり結ばれし魂結びと、そして、互いの自由を尊重する時代になります。

上　はい。お力を頂くのに、どのようにすればいいですか？

龍　力を与える、そのようなことはないです。どうぞ、思ってください。

上　青龍様とコンビで、働かれるのですか？

龍　うん。でも、常に、共に行動するわけではございません。そのように思っていただける、それもよいです。

上　思いを、龍神様に語りかければ、ということでよろしいですか？

龍　はい。ただし、その思いを願う者は、その魂結び、縁、心より望む者のみ。本人の願いは一番でございます。

上　その者が強く思うということは、必ず相手が存在する、ということになりますか？

龍　はい。親が望んでもなりませぬぞ。

上　そうですか。はい、分かりました。お言葉、ありがとうございました。

龍　はい、ありがとうございます。

◇東武動物公園にて　建柱　H21・10・19　篤姫

光の柱…奥次元十一合目、十M

龍神さま方…ピンクの龍神さま二人、青龍さま二人、白龍さま一人、赤龍さま二人の、計七神

〈龍神さま〉　敦姫

上　この地におられます、赤龍さまでございますか？

赤　さようでございます。

上　ありがとうございます。

赤　本当に、待ちに待った。この時を、待ちわびておりました。この埼玉の地で、これから活躍できると思って、感極まるものがございます。これから、私どもの力を、発揮する時でございます。いかようにも、いかようにも、活躍させていただきます。

上　ありがとうございます。

赤　間もなく、本当に間もなく、澄みきったこの青空が、真っ黒に移り変わる。間もなく。

上　はい。

赤　しかし、われわれは、その時こそ、その時こそ、力のある限り、動きまわる。走り回る。その時ですぞ、そなたたちが蓄えてきた力を、存分に使い、思いの丈を、民人に伝えるのじゃ。

上　はい。

赤　よろしくお願い申す。

上　はい。ありがとうございます。お尋ねいたします。赤龍さま、青龍さま、白龍さま、ピンクの龍神さま、それぞれの色の違いを、教えていただきたいのですが。

赤　赤龍…それぞれの足元を見る。動きを見ていく。
青龍…その人間の頭、思考を読み取る。
白龍…投げかける。波動を見る。
ピンク。ピンクか。

上　はい。

赤　そなたが、一番望んでいることをやる。

上　はい。

赤　これでよいか。

上　ありがとうございます。

赤　ここに、人を集めるのじゃ。力を貸す。集めなされ。

上　はい。

赤　それぞれに合った力を、貸そうではないか。約束である。忘れるでないぞ。

上　はい。真に力強いお言葉を頂き、とても嬉しく思います。

赤　今日は、遠路来ていただき、真にありがたき。感謝申す。

上　お言葉、ありがとうございました。

◇ピンクの龍神さま　長野県木崎湖建柱　H21・10・22　マコ姫

出雲より分かれし御魂、木崎湖のピンクの龍神でございます。光の柱のもと、天高く、天低く、自由に飛び回ることができます。とても自由です。

出雲参拝の折、あなたさま方に扉を開けていただきましたこと、心より感謝しております。「私に気づきし者、訪れ、扉を開ける」と信じておりました。そして、時満ちる日を、息を潜めて待っておりました。冬訪れる頃には、結んでいきます。それぞれの結びに、それぞれの色をつけて、結んでいきます。楽しみです。楽しみです。光の柱が、とてもまぶしい。ありがとう。

◇ピンクの龍神さま　大阪和泉府中　刈又池建柱　H21・11・5　マコ姫

これからの結びは、互いの波動の高め合い。分かりやすく言えば、できれば、同じ価値観、同じ人生観の合う相手が望ましい。

外ではなく、中を見ていくのです。魂の輝きを…。その方の輝きが、自分と同じ輝きを放つのであれば、必ず、見抜くことができるのです。なぜならば、同じ輝きだから。

己を心から愛するのであれば、同じ輝きが見つかります。そして、外見さえも、この世で最高の美しい、たくましいものになるのです。まずは自分を、心から愛してください。いとおしんでください。尊重してください。尊敬してください。簡単なようで、難しいことですが、それを超えたとき、臨界を超えたときに、魂の相方は現れ、共に時を織りなす、最高のパートナーとなるのです。特に女性の方々、これからは自立を目指してください。外、外に出るのです。時代は変わります。光り輝く時代です。その光を、掴み取るのです。その時、この星は、愛あふれる、満たされた星となるのです。このたびは、御建柱、共々にありがとうございました。

◇ピンクの龍神さま　大阪松原市　東大海池建柱　H21・11・6　マコ姫
あなた方が、こうありたいと思う…例えば、想う相方…想う方がいなければ、今、自分の理想とする相手を、想い描いてください。

あふれる水のごとく、自分勝手に想い描いてください。自分の理想を、想い描くのです。相方がいる方は、そこからどんどん、イメージがかけ離れてもかまいません。

思考を使わないでください。ひらめき、直感だけを使ってください。そうすることにより、より具体的に、魂結びの方が表面化しやすくなります。もし相方がいる場合に、そのイメージとかけ離れている場合は、残念ながら、魂結びの相手ではございません。

もう一つ大切なことは、心のゴミを、できるだけ空にしてください。これはとても重要です。お札を使える方は、お札を使うとよいでしょう。お札を使えない方は、不要な思い込みを棄ててください。過去に対して望郷の念を思いめぐらすのはおやめなさい。自分に不要と思われるものは、気前よく棄ててください。特に、ワイオに集う方々には、魂結びの相手は、創造を共に楽しむ相手です。それが一番理想的でよろしい。御建柱、ありがとうございます。たくさんの柱を建ててくださいね。ピンクの龍神方々が、閉ざされていた光を受け、麗しく輝きを増しております。

◇マコ姫の靈視談
ピンクの龍神さんは、ただのピンクではないね…。輝きが増している。

ピンクをベースに、まるで、ホログラムをのせたような…。虹色に細かい粒子の、キラキラした光をのせたような、麗しい輝きだべ。〝とてもめんこい〟。

◇名城公園　おふけ池　建柱　　H21・11・8
光の柱…十一合目十一M

※建柱後、ピンクの龍神さま、三柱いらした。

〈ピンクの龍神さま〉　コウ姫

ピンクの神様（以下＝ピ）　そなた、乗りなさい！　上志満氏、乗りなさい、私の背に！　乗って！

上　ピンクの龍神さまですか？

ピ　乗って！

上　お言葉、頂戴いたします。

ピ　ありがとうございます。

上　よろしくお願いします。

ピ　建柱、ありがとうございます。ここの公園は、以前からデートスポットです。私たちが、さらにその役目をこれから果たしてまいります。皆さまに、どうぞこのことを伝えてください。すべての縁をつなげてまいります。固く、固く、私たちがお結びいたします。聞きたいことあれば、殿方、お聞きしてください。

Y　魂結びの相手、見つけられますか？

ピ　はい。はい。

Y　ゴミを取ったら？

ピ　もちろん。私がつないであげます。見つかります。
Y　よろしくお願いします。
上　ずいぶん、お願いする民が多いと思いますが、そんなに簡単に見つかるものですか？　どうですか？
ピ　見つかります。間違いなく。一人とは言いません。一対三の場合もありまする。一対一、う～ん、疲れますね。
上　一対三。
ピ　そう。一対三。女が一で、男、三。いいでしょう。
上　やはり、女性の時代なんだ。
ピ　そう、女性の時代。女性の時代ですよ。
K　すべての方がそうでしょうか？
ピ　もちろん、年齢問わず。
上　お～、いいこと言ってくれるね。
ピ　年齢、問わないよ。関係ないよ。
K　早く見つかるのでしょうか？
ピ　それは、その人次第だね。殿方！　後はよろしいですか？
上　ほとんどの場合、縁のある者の中にいますか？

ピ　ここの皆様ですか？

上　はい。

ピ　待っている人が、一人います。ただ、相手が気がつくか、気がつかないかは、もう少し、後になります。

上　ピンクの龍神さんが、本格的に働ける環境は、だいぶ、先になるのですか？

ピ　来年、来年以降です。

上　来年以降ですか。われわれ、ワイオに縁のある者は、お札で環境を調えることができる、ということですか？

ピ　そうです。やはり、抱えているものすべて、すべて捨てて、軽い気持ちで進んでください。

上　現在の悪縁の解消にも、スムーズに行えるように、お力を頂けるのですか？

ピ　応援いたします、私が。

上　分かりました。龍神さまのもとで、けん族で働く方々はいますか？

ピ　います。います。今はちょっと、言えません。狙われます。今はちょっと、申し上げられません。来年になれば、お話しすることできます。

上　伊奘諾《いざなぎ》、伊奘冉《いざなみ》さまとの関係を、少し教えていただけますか？

ピ　伊奘冉さんも、ずいぶんおつらいですよね。皆さん自由なので、あまり深く考えておりません。神であろうと、人間であろうと、これから変わっていきまする。

上　龍神さまにお願いするにあたって、龍神さまにお札を使うことは必要ですか？

ピ　できれば、お願いしたいです。

上　われわれは、お酒だけはと思っておりますが、本当は、龍神さまの好みはありますか？

ピ　あります。

上　遠慮なく、教えていただきたいと思いますが。

ピ　私は、キラキラしたものが大好きです。お恥ずかしいですが。

上　それは、身につける飾り物、という意味ですか？

ピ　首につけたいです。

上　ネックレス。

ピ　はい。

上　具体的に教えてください。

ピ　キラキラと、キラキラとしたもの。

上　鎖は、銀がいいとか…。

ピ　もちろんです。一人一人、首からぶら下げるのもよろしい。

上　龍神さんが好きなものを身につける、ということですか？

ピ　はい。

上　鎖の中心につける、何かいい物はありますか？

ピ　キラキラした物が、私は好きです。存分に、魅力を出してください。

上　それは、それぞれの龍神さんによって違う？

ピ　はい、違います。

上　今、お言葉の龍神さんは、色は、どのような色がいいですか？

ピ　どこの色ですか？

上　ネックレスのトップ。

ピ　石がいいですね。ルビー。

上　赤いルビー。

ピ　石がいいです。大・小、かまいません。そこに私たちがエネルギーを差し上げましょう。上志満氏を通して、私たちがエネルギーを差し上げます。そうすることによって、相手の方も見つけやすくなります。

上　具体的には、どの龍神さんも、きれいな、ピカピカしたものが好き？

ピ　はい、好きです。

上　はい、分かりました。

T　男性も、ピカピカした物をつけた方がいいですか？

ピ　ネックレスでなくって、キーホルダーとか、何か身につけるとよいと思います。

T　ピカピカ光ったものでよろしいですか？

ピ　石をつけるといいです。

T　これはどうですか？（ブレスレットを見せる）

ピ　水晶ではありません。色のついた石。水晶ではありません。

K　真珠はどうですか？

ピ　真珠ではありません。

K　想い続けることが大事、と聞きましたが、忘れたりもします。やはり、想い続けないといけないのでしょうか？

ピ　何がですか？

K　相手の方を、ずっと想わないといけない？

ピ　縁が出来ます。思っても、できないものはできない。

K　ここにいる人は…。

ピ　できている人が、一人います。

K　誰でしょう？

ピ　ただ、分からないだけです。

Y　男性ですか？

ピ　それは言えません。

Y　先ほどの石は、ルビーのほか、エメラルドやサファイアでもいいですか？

ピ　私は、赤いのが好きです。
Y　来年は、何月くらいから…と思ったら？
ピ　秋。秋から。
K　一人いらっしゃる方は、すぐですか？
ピ　相手がどうか分かりません。気がつくか、気がつかないか。
K　相手が結婚していても…。
ピ　関係ないです。魂結びですから。
上　いろいろと教えていただき、ありがとうございました。
ピ　ありがとうございました。

◇〈白龍さま〉　H21・11・8　コウ姫

上　ようこそおいでくださいました。名城公園の白龍さまですか？
白龍さま（以下＝白）　白（ハク）です。
上　お言葉、頂戴いたします。
白　待っておりました。いつ、私の番が来るかと。よかった。今日は、建柱していただき、ありがとうございまする。〝ハク〟と呼んでください、僕のことは。
上　はい。ずいぶん、まだ、若いようですが。

白　はい。若いです。十七になったばかりです。

上　そうですか。

白　あそこに集える龍神さんたちは、皆、若いです。

上　ほう。今日、あそこに来られた、ということですか？

白　はい。

上　どこから来られたのですか？

白　伊吹の方から来ました。

上　そうですか。白龍さんは、どのような働きをされるのですか？

白　僕たちは、自然を、自然のために、働いていきます。

上　自然の働きというのは、それぞれ、役割分担があると思いますが。

白　僕は、山の方も見にいきます。時々ですけどね。

上　自然の環境が正常かどうか、ということですか？

白　そうです。風の神様と一緒に、見に行きます。

上　ハクさんは、どのくらいの体長、大きさですか？

白　まだ小さいです、僕は。これからどんどん、成長します。僕は、お父さんみたいに三十m～四十mくらいに、なれるかな。

上　あの池には、赤龍さんがいたと思いますが。

白　はい、いました。

上　赤龍さんの働きは？

白　それは、赤龍さんに訊いてください。

上　そうだね。お父さんは、伊吹で？

白　はい、働いています。時々、伊吹に行きます。

上　ハクさんは、三人で来られましたよね？

白　はい。

上　兄弟三人ですか？

白　そうです。お兄ちゃんと、弟です。

上　お母さんも、伊吹にいるのですか？

白　一生懸命、働いています。

上　龍神さんは、基本的には経済的な働きと思っていましたが、ハクさんは、経済とは直接縁がない、ということですか？

白　いいえ、大人になったら、経済の働きをしていきます。今は、勉強中です。

上　諏訪湖龍宮神界の祝大龍王神さまを知っていますか？

白　はい、知っています。

上　見たことはありますか？

白　お父さんと、一緒に行って、見てきました。

上　そうですか。では、伊吹のお父さん、お母さんの所にも、光の柱があった方がいいですよね？

白　うん。

上　また、場所を教えてください。

白　はい。僕が、道案内します。

上　ピンクの龍神さんと、コンビで働くこともあるのですか？

白　（うなずかれる）

上　龍神さんは、お酒がとても好きだと聞いていますが、まだ若いので、あまり飲まないのかな？

白　関係ないです。僕たちは、人間とは違います。

上　今日、梅酒と日本酒を用意しましたが、あれでいいですか？

白　ありがとうございました。

上　量が少なかったので、酔えなかったね。

白　う～ん。でも、ピンクのお姉さんたち、男の人が好きみたい。

上　今、十七歳。

白　はい。

上　龍神さんは、いくつくらいで結婚するの？

白　もう、あと少しで、結婚できる歳になります。

上　ふ～ん。人間と同じなんだ。

白　そう。その前に、いろいろ勉強しなければいけない。

上　でも、人間よりも、年を取るのが早いよね。

白　うん、早い。

上　そうか。何か、他に教えてくれること、ある？

白　必要があらば、これをあげる（両手を先生に向けて渡す）。

上　はい、何だろう？

白　玉。

上　ほう、どういう働きがあるのですか？

白　お金。

上　お金。で、皆で頂きたいのだけど、これは、分けることができますか、皆で。

白　できる。

上　じゃあ、この人数で分けて頂くね。ありがとう。また来て話してね。

白　はい、喜んで。

上　ありがとうございました。

※玉を、十二に分けて、皆（十二人）で頂いた。
※お札、四枚。
※名城公園…ピンクの龍神さま三人、白龍さま三人、赤龍さま二人、青龍さま二人。

◇支笏湖のピンクの龍神さま　H21・11・15　マコ姫

やっと、ここに来てくれたのね！　ありがとう！　私、ピンクの龍神は、所作や品格、そんなものは、どうでもいいの。雅な言葉も必要ないの。なぜならば、私たちは、祖の時代を生きていないから。雅《みやび》な言葉で自分をごまかすより、あるがままの自分でいたい。あ〜、爽快だわ。皇の時代の風を肌で、きる、あの頃と同じにおいがする！　この自由な風を、早くあなた方に味わってもらいたいの。この国は、先陣を切る国なのよ。特にこの地は重要ね！　さ〜、見えてくるわよ。どんなに着飾っても、どんなに勇者を装っても、ごまかせない時代が来るの。簡単なことよ。誰にとらわれることなく、ただ自分でいればいいの。自由でいればいいの。真《しん》の自由とは、誰にもとらわれないこと。たとえそれが、神でさえもね。

◇福岡県　大濠公園建柱　H21・11・18
光の柱…十一合目十一M（公園の中央にある池。三十M先）

※もともといらした青龍さん二人に加え、白龍さん三人、ピンクの龍神さん三人、赤龍さん二人が来られた。

〈ピンクの龍神さま〉マコ姫

上　大濠公園の、ピンクの龍神さまですか？

ピ　はい！

上　ようこそおいでくださいました。

ピ　このたびは（礼）、ありがとう。とても楽しみにしていました。私たちは、これから、それぞれの場所で、それぞれの思いをつなぎ、皇の創造を、共に動いていきます。

上　ありがとうございます。

ピ　これからは、自分が一番大切に思うことを、皆さんは、一つずつ、やり遂げていきます。今から、すぐにでも、「これが一番好き！」「これをすると楽しい！」そう思えることを、やり続けてください。そうすることによって、どんどん魅力的になります。そうすれば、相手の人も、近くに引き寄せられてきます。
これから、いろいろ、人間関係が変わっていく人もいるでしょう。今までの縁が切れて、新しい友達が出来たり、今までの住まいを捨てて、新しい家に住む。やむなく、仕事により、引っ越しをすることが出てきます。それは、今までの、古い縁を捨てて、新しい出会いがある、ということです。

あなた方は、今まで、家族という縁に、強く、強く、引きつけられて、結ばれていました。これからは、家族の中でも、それぞれが独立し、それぞれが進むべき方向へと歩んでいきます。それでも、そのまま、家族の形態を取ることもあります。自由な道を、歩んでいきます。これから、男女、男と女の結びも変わっていきますが、物への縁も変わっていきます。自分が本当に必要とする物、今までの古い物を捨て、新しい物、心惹かれる物を、ひらめきと直感で自分のところに引き寄せてください。すべての縁が、変わっていきます。皆さま、これから、楽しく過ごしていける時が来ます。その時を、できるだけ先取りするために、ひらめきを使ってください。すべては、ひらめきです。

上　質問してもよろしいですか？　今までの時代に、ピンクの龍神さまというのは、まったく、どこにも聞くことのない名前でしたが、どのような形で存在しておられたのですか？

ピ　はい。とても自由な時代でした。神も、人間も、龍神も、すべての見えるもの、見えないもの、心で通じ合い暮らす時に、私たちは存在していました。新しく変わる（桔《けつ》の時代）、移行期のその時、私たちは身を隠しました。においで感じ取るのです。その時代に、私たちは、その風景を、この目で見ることはありませんでした。情景をも、見ることはありませんでした。もしかしたら、時々目を覚まし、その光景を見ている龍神もいると思いますが、ほとんどのピンクの龍神は休んでいたと思います。ずる賢いと思われるかもしれません。しかし私たちは、とても繊細な波動を持っています。新しい祖の時代に生きていくことはできなかったでしょう。

上　龍神さんの数からいきますと、福岡県にも、二カ所に、拠点となる場所があると思いますが、とても少ない。しかし、お力を頂きたいと思う人は多い。これから、数は増えていくのですか？

ピ　そうですね。徐々に、眠りから覚めると思います。

上　地球はずいぶん交通手段が発達して、近くなりましたが、外国に行かない者も数多くおります。魂結びの相手が、地球の裏側にいる、ということもあるのですか？

ピ　あります。ひらめきや直感を、日頃、訓練で磨いてください。魂結びの方が遠くにいたとしても、相方は、必ずそこへ行きます。行きたいという気持ちが、わいてきます。

上　その信号は、ピンクの龍神さんが送られるのですか？

ピ　いいえ。すべての役目を私たちが担うとは、思わないでください。それぞれの御魂が、直感とひらめきで、引き合うこともあります。

上　御魂さんの記録、あるいは、理想とする相手の、相手に対する思い、それを龍神さんは瞬時に見ることができる、受けることができるのですか？

ピ　そうですね。皆様が望めば、それはできます。できるだけ、それでも、できるだけ、自分の魂結び、自分の力で引き寄せていただきたいと思います。

上　今まで何カ所か、柱を建てさせていただきましたが、その時、できれば、それぞれの龍神さんに対して、一度はお札を使った方がよろしいですか？

ピ　そうですね。できれば、使っていただきたいと思います。これも、ご縁ですから。

上　われわれは、お陰さまで、ピンクの龍神さんのお言葉を、ワイオと共に伝えていき、多くの者が望む、魂結びの縁をやはり、総合的な幸せへと導くきっかけとしたい、と思っております。それでよろしいですか？

ピ　はい、よいと思います。

上　つい最近までは、ピンクの龍神の方の働き、理論の中にもないことでありました。とても嬉しく、これからセミナーで、どんどん伝えていきたいと思います。お言葉、ありがとうございました。

ピ　こちらこそ、ありがとう。

◇新潟県　瓢湖《ひょうこ》のピンクの龍神さま　H21・11・30　マコ姫

初めて出会った時から、とても懐かしい気がする人に、あなたは出会ったことがありますか…。初めて互いの手を重ねたときに、走馬灯のように、互いの過去の記録を、そして、魂の記録を見せられたことがありますか…。

やっと出合えた魂が溶け合い、まるで、一つの生命《いのち》であるかのように、至福の感情を味わったことがありますか…。

今までの夜の時代に、魂の人と、何度も出合っています。それでも、暗闇にかき消され、気づくことができなかったり、成就できなかったり…。

例えば戦友で…例えば同志で…ということも、あり得たのです。

ワイオに関わる人たちは、魂結びの相手に気づくことも早いでしょう。それと共に、今いるパートナーが、魂結びの相手ではないことを知ることも早いでしょう。でも、怖れることはないのです。なすがまま、流れるままに身を任せていきましょう。

人は、時代が変わっても、一人では生きてはいけない。できれば、最愛のパートナーを持ち、素晴らしい人生を歩みたいものですね。

これからは、すべての方々が、その至福の愛を体験していくのです。楽しみですね。

これが光の柱ですね。この光も私どもには、至福の光となります。建柱ありがとうございました。

皆さま。ワイオのお札は、魂結びのお相手を引き寄せる、最強の縁結びのお守りになりますよ。

◇新潟県　越路河川敷公園　ピンクの龍神さま　H21・11・30　マコ姫

祖の時代、見せかけの偽りの絆が、いかに虚しいものか。

夜の時代の悪しき因縁の絆、決して痛みを伴わず、軽やかにほどいていきましょう。

絆とは、結び。その裏に、束縛という呪詛があります。

夜の時代の絆とは、決して温かいものだけのものではなかった。

特に女性の方々は、御家《おいえ》の因縁での苦労があり、虐げられました。

これからわたくしたちは、絆（束縛）そして、呪詛からの解放を担っていきます。

おのおのの、個々の魂の、自由な生き方を認める…。

個々の魂が、すべて自分で自由に選択できる世の中を創り直していく所存でございます。

皆さまの期待が大きいほど、やり甲斐があるというものです。

光の柱、建柱、真に嬉しくございます。ありがとうございました。

この柱を依《よ》り代《しろ》とし、働いてまいります。

◇群馬県大沼　ピンク龍神さま　H21・12・1　マコ姫

本当は、今までの時代もそうあってほしかったのですが。自分に自信を持ってください。

自分の無限の力を、最大限に評価してあげてください。どこにいても…。

たとえそれが、小さな家族の中であっても。職場という組織の中であっても…。

他人の目を気にするのではなく、自分自身の評価を基準にしてください。

その目安は、自分が現状に満足しているか、ただ、それだけでよいのです。

今ここだけの評価をしてくださいね。一瞬、一瞬の満足の点が積み重なり、線となり、つながっていくのです。きっと、満足のいく生涯となるでしょう。

これからは、他人の評価は、一切おやめなさい。他人に干渉するのはおやめなさい。

たとえそれが子どもであっても。人間には、さまざまな相性がありますが、これからは、価値観を重要視した方が好ましい。同じ家庭の中にいても、互いの価値観のズレほど、ストレスになるものはないのです。これから、精心的に、肉体的に、自立がますます加速していきます。

その波動に合わせて、人間関係も加速していきます。

ま〜、しばらく、その人間模様を楽しみながら、この移行期を乗り切ってください。

あなた方には、最強の賢者の護符（お札）がついていますから。存じていますよ。

できれば、私たちにも、その賢者の護符を、体験させてくださいね。

護符と言えば、そこの赤い神社のお守りも、おのおのに合う波動のパートナーを見つける護符になりますよ。皆さま、遠い所をありがとう。この光の柱も、私どもの護符の聖地となりました。

◇愛知県知多市　佐布里池《そうりいけ》　建柱　Ｈ21・12・8

※名鉄常滑線、朝倉駅から、知多バス佐布里線、「佐布里」行き「梅の館口」下車。徒歩約五分。

※光の柱…奥次元十一合目、十一Ｍ

※青龍さま三神、白龍さま三神、赤龍さま三神、ピンク龍神さま三神、罔象波乃女神さま六神

〈ピンク龍神さま〉　コウ姫

上　昨夜建柱した、佐布里池の龍神さまですか？　ピンクの龍神さまですか？

ピ　はい。

上　お言葉、頂戴いたします。

ピ　昨夜は寒い中、真に、ご苦労さまでございました。心温かな、心づくしいただき、ありがとうございまする。

上　はい。

ピ　この日を、どれだけ待ち望んでいたことでしょう。やっと私たちの役目を…働ける時代になりました。嬉しく思っております。

上　よろしくお願いいたします。

ピ　任せてください。私たちに任せてください。必ずや、必ずや、すべての御縁を結んでいきまする。

上　ありがとうございます。

ピ　どうぞ皆様を、この地にお連れくださいませ。

上　はい。

ピ　必ずや、必ずや、私たちが結びます。結んで差し上げまする。

上　ありがとうございます。ピンクの龍神さんは、こうしてこれから、ご活躍くださいます。その、今までは、どのような状態、どこにおられたのですか？

ピ　私たちは、海の底で、この時期を、ずーっと、ずーっと、待っておりました。

上　湖の底ですか？

ピ　海の底、湖の底、ずーっとこの時を、待っておりました。

上　はい。日ノ本はじめ、世界各国の龍神さまの働きはございますか？

ピ　いえ、まだまだでございます。気づく者少なく…。気づいていただければ私たちも…。待っておりますが…。海外は、青龍さんたちがおりまする。青龍が働きかけ、他の龍神たちを引っ張り、次の時代に働くように準備は整っておりますが、今、一同動けぬ状態になっておりまする。

上　そうですか。これから、地図上で、できるだけ、柱を建てていくようにいたします。

ピ　そこの地には、必ず青龍がおりまする。確認をしてみてくださいませ。
上　はい、分かりました。
ピ　日ノ本と海外との縁も、出来まする。楽しみでございますよ。
上　それは、海外の国との、その地域担当の龍神さんとの、連携プレーですか？　どの国にも柱、必要ですね。
ピ　お願いいたしまする。建ててやってくださいませ。
上　はい、分かりました。
ピ　あと五年後には、働ける時代が来ると思います。
上　はい。
ピ　まだまだ、各地、いろいろなヘドロが残っておりまする。
上　はい。ワイオ理論の力をもって、できるだけ、お言葉どおり、させていただきます。
ピ　はい。世界各国、お願いいたしまする。
上　分かりました。お言葉、ありがとうございました。
ピ　いえいえ、ありがとうございました。

◇三重県伊賀市　壬生野《みぶの》IC近く　三ツ池　建柱　H21・12・8
※光の柱…奥次元十一合目、十一M

※青龍さま二神、白龍さま二神、ピンク龍さま三神、赤龍さま二神、罔象波乃女神さま四神
〈ピンクの龍神さま〉　コウ姫

K　お言葉、頂戴いたします。

ピ　ありがとうございます。とても今日は良き日でございまする。ここの池の龍神たちも、喜んでおりまする。まだまだ私たち、未熟な、若き龍神たちばかりでございます。どうぞ、なんなりと、おっしゃってくださいませ。働かしていただきまする。

K　ありがとうございます。お若いと言われました。まだ十代ですか？

ピ　若い者は、十八です。

K　そうですか。ここの環境はどうですか？　高圧線が、邪魔のように思いますが。

ピ　あまり嬉しくありません。

K　ほかに、適当な場所はないのですか？

ピ　あるように思いますが…。

K　場所の選定は、どなたがなさるのですか？

ピ　神界から、仰せつかってまいりました。

K　そうですか。

ピ　できれば、もう少し、心地のいい所を選んでいただければ、と思いますが。

K　そうですか。やはり高圧線が…ということですか。

ピ　波動がよくありませんね。できるだけ、自然の中で活躍したいです。
K　そうですね。
ピ　はい。
K　大阪の池も、ずいぶん小さくて、水が濁っておりました。
ピ　そうですか。あまり、龍神としては、嬉しくありません。
K　そうですね。私どもに何かできること、ございますか？
ピ　変えていただけるのであれば、神界の方にお話ししてくださいませ。
K　そうですか。
ピ　決まれば、すぐに移動させていただきます。
K　おそらく、ただ今のお言葉、神界でも聞いてくれていると思います。またその節は、建柱に参ります。
ピ　はい、お願いいたします。
K　しばらくは、ここでがんばってください。
ピ　分かりました。お役目、果たしていきます。
K　お願いいたします。
ピ　本日は、遠方より、ありがとうございました。
K　ありがとうございました。

ピ　こちらこそ、ありがとうございました。
K　これにて、失礼いたします。
ピ　気をつけて、お帰りあそばせ。

◇奈良県吉野郡吉野町　津風呂《つぶろ》湖　建柱　H21・12・8
※吉野町大字河原屋地先、一級河川、紀ノ川水系津風呂川に建設されたダム。
※光の柱…奥次元十一合目、十一M
※青龍さま二神、白龍さま二神、赤龍さま二神、ピンク龍神さま二神、罔象波乃女神さま九神
〈ピンク龍神さま〉　コウ姫
ピ　おめでとうございます。ありがとうございます。ありがとうございます。龍神たちはここで、う～ん、私を含め、心地がいいです。柱の周りをぐるぐる回っておりまする。なんと心地がよいことでしょう。人里離れ、この湖、人がなかなか入ってくること難しく…。先ほどから言われていた、パワースポットで…登録してね。ますますこちらの民人も、生き生きとしてくるでしょう。縁結びは、いろいろな縁がございまする。すべての縁を結んでいきますよ。私たちにお任せください。
上　友達の縁。
ピ　そうです。

上　仕事の縁。

ピ　もちろん、もちろん。

上　はい。じゃあ、全員が来なきゃね…。

ピ　すべての縁です。心の悩み、経済の悩み…すべて、すべて、結んでいきまする。

上　そうすると、それぞれの…経済の結びは、赤龍さんとか、ということですか？　それから、白龍さんの結びは？

ピ　白龍さんに訊いて。私は、本当の魂結び。

上　結婚相手。なるほど。お願いにあたっては、三回は来た方がいいですか？

ピ　何回でも。一緒に来ると、なおいいけどね。二人で来れば、なおさら。合わなければ、破局もある。う〜ん…ごめんなさい。

上　争いなく、うまく。別れさせて。

ピ　はい。自然に。自然に離れていきます。縁があれば、より一層、深く結んであげまする。

上　結びということは、二人の糸を結ぶ、ということですか？

ピ　一人一人に、糸が出ています。それぞれの糸が出てまする。それを、私たちが結んであげるのでございまする。

上　それは、魂ということですか？　人間同士では、できないのですか？

ピ　できますよ。

上　龍神さんが手伝った方が、しっかり結べる。

ピ　そうですね。解けないように、結んであげますする。

上　腐れ縁は、今までの時代の神さまが結んだものですか？

ピ　神だけではありません。ご先祖様、いろんな過去の、因縁すべてが、縄のようになっておりますする。解けばよろしい。糸にすればよろしい。糸が細くなり、自然と切れ、離れていきます。

上　お役目、ご苦労さまです。

ピ　いえいえ、こちらこそ。

上　ありがとうございました。

◇三重県松阪市中万町　上池（鐘突池）建柱　H21・12・8

※光の柱…奥次元十一合目、十一M

※青龍さま二神、白龍さま二神、赤龍さま二神、ピンク龍神さま二神、罔象波乃女神さま三神

〈ピンクの龍神さま〉　コウ姫

上　お言葉、頂戴いたします。

ピ　待っておりました。来年、来年、始動の年でございます。来年、すべてが始まり、すべてが終わりに近づいていく年でございます。そのために、そのために、魂結びを、しっかり

と、しっかりと、結びなされ。どんな形でもよろしい。しっかりと結びなされ。行き倒れますする。そうでなければ、行き倒れますする。

上　ほお、行き倒れる…。

ピ　そのことを、心にしっかりと刻んでください。

上　はい。行き倒れる…。

ピ　一日も早く、魂が自由になる魂結びができますようにしてあげてください。

上　今までの人間関係が、ずいぶんバラバラになる、ということですか？

ピ　すべてにおいて、です。愛情だけではありません。すべてにおいてです。今までの縁は、音と共に、切れてまいります。耳を澄ませて、よく耳を澄ませば分かります。そのために、早く結んであげることが大事でございます。

上　はい。やはり、全国に、早急に、柱を建てる必要がありますか？

ピ　できるだけ、できる範囲内で結構です。日本全国、網の目のように張り巡らせてください。ない所には、応援も行きまする。それだけ世の中が、これから大きく変わっていきます。人それぞれも、大きく変わっていきます。一日も早く、魂を出しなさい。

上　ピンクの龍神さんの働かれる場所は、海水の場所には、泳ぐことはできませんか？

ピ　海水は、合わないです。

上　そうですか。柱を建てた場所で、水がずいぶん汚れている場所がありますが、そのことはあまり気にはなりませんか？

ピ　いやいや、気にはなりまする。致し方がないと思っておりまする。

上　龍神さまがおられる場所に、どうして水が必要なのですか？

ピ　龍神の世界は、海川ばかりではありません。天空にもありまする。創造のためには、民たちの近く、近い場所に、ということで、身近い、身近な場所に、働くことになりました。

上　大きな滝の場所には龍神さまは…。

ピ　おります。

上　どこの滝にもおられますか？

ピ　今までは、移動された龍神もいます。また、違った場所へ移動されている龍神もいます。もともとそこにおられる龍神さまも…。これからは、そこにも常駐されることもございます。離れた龍神は、合わなくて離れていったのでございます。

上　黒龍さん以外にも、他のいろいろな龍神さんも、休まれた龍神もいらっしゃいますか？

ピ　います。青龍の…休んだ方もおみえです。これは、役目が終わり、お休みされただけのことでございます。

上　お役目、ありがとうございます。よろしくお願いします。

ピ　はい、かしこまりました。

上　お言葉、ありがとうございました。

ピ　こちらこそ、暗い中、ありがとうございました。

◇島根県　出雲大社出雲教　ピンク龍神さま　H21・12・11　マコ姫

上　出雲教のこの場所は、ピンク龍神さんの、中心の拠点となる場所なのですか？

ピ　もともとあの出雲、縁結びの地にして、たくさんの方々の縁を結んでまいりました。私どもピンク龍神、六十年に一度の扉を開ける、その時姿を見せる。表に出ることができました。

祖の時代、明るい日差しの昼の中でも、真っ暗な中におりました。その時だけ、出ることができました。私たちの役割は、皇の時代。分かっておりましたが、できるだけ早く出たいと思っておりました。この地は、厳重に、私どもを閉じ込めておりました。あなた方が訪れたとき、願いは訪れました。私たちに気づく者が訪れたとき、やっとその時が来たのですね。

皇の時代の先駆けとして、それぞれの魂の結びを担っていきたいと、心より嬉しく思っております。そして、光の柱なるものを建てていただき、私どもの精根尽きた身体も、癒されてまいることだと思います。これからは、光の柱と共に、青龍さま方と共に、働いていく所存にございます。ありがとうございます。

上　六十年周期で、扉が開かれたことに、どのような意味があったのですか？

ピ　はい。私たちは、これまで、真の結びを結ぶことはできませんでした。それは、夜の神々との駆け引きでもあります。これまでの縁を結ぶ神々の表の顔として、活躍しておりました。それは、宇宙の法則に成り立つ働きだと、心得ておりました。それでも神々は、六十年に一度、私たちを解放してくれました。約束でしたから。桔《けっ》の時代は、自由な時代でした。心のままに飛び回り、心のままに天空を登り、そのような時代でした。だからこそ私たちは、あの祠の中で、二千五百年という長い時代、身を隠し、そしてまた、守っていただいたものと思っております。神々様の心遣いを、ありがたく感じております。

上　祖の時代も、数は少なくはございましたが、魂結びと思われる結びもあったと思いますが、扉が開かれた時の、わずかな時間の中での、龍神さまのお働きだったのですか？

ピ　いいえ、それは違います。それは、互いの魂の在り方、それが引き寄せたものだと思います。

上　まだ、とてもお若い龍神さまもおられますが。

ピ　魂結びのことにおける学びも必要ですね。これからは、たくさんの龍神が、生まれてくることと思います。それに対して、私たち龍神も、すべての者に目を配り、確かな結びを手ほどきしていく所存にございます。同じ龍神といえども、それぞれに個性がございます。どうぞ、温かく見守っていただければと思います。

上　同じ人間でも、とてもお世話しにくい人間もいると思いますが。

ピ　その場合は、先に、その方の魂の成長を、促していきたいと思っております。

上　人間は、ピンクの龍神さまの働きで、すぐ夢がかなうと思っておりますが、やはり、人間として成長することの必要性を、同時に伝えていかなければと思います。

ピ　はい、よろしくお願いいたします。

◇山口県　管野ダム　ピンク龍神さま　H21・12・12　マコ姫

ピ　この空間を、どう思いますか？

上　せっかくきれいな自然環境も、たくさんのゴミによって、汚染されていますね。龍神さん方々の働きを伝えていくことによって、きれいになっていくと思います。

ピ　はい。できれば、そうなっていただきたい。そして、この孤独な空間は、一人一人が生きていく、必要な空間となっていきます。そして人々は、自然の食を好んで食べるようになります。まだまだ若い人々は、古い信念、思い込みに振り回されております。できるだけ早急に、自然の論理に従い生きていく、これからは、非科学的から、科学的に生きていくことになります。人々の不要な思い込みは根強く、まだまだこの時代にしがみつく者たちも、多くいますね。一つ一つの魂は、無限の可能性を秘めています。できればこの空間のように、孤独な場所を、一人一人が持つべきだと思います。そうすることによって、できるだけ早く、創造の道を、おのおのの魂が、見つけていくことになります。それぞれのパートナーも互いに目覚め、できれば同じ価値観で、そして、創造の道を進んでいっていただきたい。そう願ってやみません。この光の柱を恩恵とし、私たち龍神も、ますます活躍していきます。

上　ありがとうございます。よろしくお願いいたします。

ピ　このような所まで来ていただき、ありがとうございました。

◇山口県　下関市　豊田湖　龍神さま　H21・12・12　マコ姫

本来の人の営みとは、このような所にあるのですよ。都会の色を求め、においを求め、人々は本来住むべき地より離れていきました。ここには水があり、自然がある。ここには、一切のごまかしがないでしょう。これからの時は、ただそれだけでよいのです。

今までの時代、都会の色に染められ、自分の色を出すことを、本能的に控えていたのです。それが、人々の本来の能力、本能なのです。都会の色に染まること、それぞれの魂が、においをかぎ分け、自ら都会に住みついた。都会が、ごまかしの、住みよい場所と化していったのです。どうぞこの地を離れていった人たちにこそ、ワイオのお札を伝えてください。本来の能力や、行く道が、急速に見えてくるでしょう。そして、個々の魂がきれいになって、本来行く道に行き、そして、この地に帰ってくることでしょう。

このような所に目を向けてくれてありがとう。でも、本当に良い所でしょう。早く、たくさんの人たちが、個々の良さに気づいてくれることを、心より願います。そして、共に仲良く暮らしたい。この柱も、大役を果たしてくれると思います。ありがとうございました。

◇島根県川本町　江の川　ピンク龍神　H21・12・12　マコ姫

ピ　もともとこの地は、閉鎖的で、心を、真の心を表現することが難しく、お天道様の輝く光のもとでも、自由に動くこともできず、男たちも小さくまとまり、外に出ることもできずにいました。それでも、自然に守られ、綿津見の声を聞き、感性を豊かに育ててきました。これからのこの地も、次第に暖かく、気温上昇していきます。それは、ここだけに限らず、世界の各地に起こることです。そして人々は、ますます解放されて、心の自由をしっかりと根づかせていくことでしょう。

決して恐れず。この星も、放光する魂として生きています。共に、共に、成長していくことと思います。また、この地にわざわざ出向いていただき、このように美しい光の柱をおろしていただき、ありがとうございます。そしてこの地に居づく人々は、ゆるりゆるりと変わっていくでしょう。和んでいくでしょう。この光の柱を無駄にすることはいたしません。また、今後、皆様の、さらなるご活躍、お祈り申し上げます。

上　このように、川の流れの中に建柱したのは、初めてでございます。大都会のよどんだ、流れのない水よりも、このように流れている、きれいな水の場所は、龍神さまにとりましても、良い場所と思われますが。

ピ　はい。もともと龍神にとって、流れは大切なものでございます。よどみ、たまる水よりも、流れは大切です。恵賎の基が、水であります。上流から下流へ、まさしくそれは、これからの恵賎の要となるものでございます。この流れの速さが、これからの恵賎の流れです。そして次第に、速くなっていきます。

上　お言葉、ありがとうございました。皇の時代の創造、よろしくお願いいたします。

ピ　ありがとうございました。

◇静岡県浜松市猪鼻湖　ピンク龍神　H21・12・17　マコ姫

皆さん、遠い所を出向いてくれてありがとうございます。ピンクの龍神たちが、それぞれの場所で、気忙しく、嬉しそうに、そわそわと動いております。なんとも微笑ましい光景です。それぞれが、この日が来るのを、指折り数え、楽しみに待っておりましたから…万感募る思いにございます。私たちの色艶も抜け落ちるくらいに長い年月…暗く閉ざされた日々も、忍耐強く、息を潜めて待っておりました。それでも、気丈な龍神たちは、自分をなくすことなく、これからの役割をしっかり見定め、息づいておりました。

なかなか個性豊かな、強者《つわもの》たちでございます。ここに集まる方々も強者とお見受けいたしますが(^|^)、私たちを解放していただいた上志満殿、ワイオという素晴らしい銀河の法則の種の

普及に、全靈を懸けておられるとお見受けしますが…いかがなものでしょう…私たち、ピンクの龍神と共に、ここに集う強者と、魂結びセミナーなど開催されては？

私たちも、ワイオ普及の種の一つに加えていただけませぬか？　もうすぐここも、日が落ちます。今日の喜びを、夕焼けと共に祝い龍神の舞とさせていただきます。どうぞ、お楽しみくださいませ。

◇長野県大沼　ピンク龍神　H22・1・18　マコ姫

光の柱、建柱ありがとうございます。龍神たちが、勢い勇ましく、舞い踊っております。

親というものは、子がいくつになっても気がかりな存在です。子どもも、親が疎ましく気がかりな…なんとも表現しがたい存在です。まさしく今、そのように感じている方々、家族だから、親だから、子どもだから…。そういった「だから」の役割を脱して、一つの独立した魂として接する。魂の自立を尊重し、魂の自立を促してあげる。そうすると、信頼関係が出来るのです。そして、親だから、子どもだからの役割を手放した時に、おのおのの自立、魂職が始まるのです。自分のことに集中すると、世の中の流れが視えてきます。そして、変化が訪れます。仕事が変わり、住むところが変わり、環境が変わります。自然に、外に足が向きます。そうなれば、逆にチャンスだと思ってください。環境の変化を、思う存分楽しんでください。これからは、人生の方向性が見えてきます。その時に備えて、互いの自立を、決して手を出さず、見守ってあげてくださいせっかくワイオに関わっているのですから、その情報を、最大限に活用してくださいね。楽しみです。

☆　☆　☆

ピンクの龍神さまと聞いて、神道の世界に詳しい方々も、首をかしげることと思う。およそ見えないあの世の世界の住人の人間の靈の言葉を聞くことは、恐山のイタコの方々、沖縄のユタの方々は有名であるが、神の言葉を出す、聞くことはあまり知られていない。

かつて中世ヨーロッパにおいて、このような言葉を出す方々は、ことごとく魔女として虐殺されていった。暗黒の時代を経て、宇宙の法則が、地球人類すべてに真の幸福を与える法則に変わったことによって、地上天国創造のために活躍する神々が二千五百年の封印を解かれ、ぞくぞくと登場してきている。

ピンクの龍神さまも、二千五百年もの長い間、本来の役割の互いに魂の記録にある者との縁を結ぶ働きができる嘉び（真の対人関係による人間の喜びを見て嘉ぶ）を感じることができるのである。

ワイオ理論を学び、対人関係を正常にするために、人間がするべきことを実行してから、ピンクの龍神（女神）さまにお礼と日本酒、梅酒などを持ってお願いにいくとよい。

全国津々浦々、一つの県に二カ所はピンクの龍神さんの拠点がある。

第四章　御魂さまのお言葉

魂とは何か。この言葉はよく使われているが、実態はほとんど知られていない。

魂とは、輪廻を繰り返す中で体験した記録の集合体である。

魂とは、自己の人生設計図、設計書である。

魂は、宇宙の法則に基づいて、常に無意識の内に、時にははっきりと意識して、進化しようと思っている。

進化のためには、さまざまな体験を重ねる必要がある。時にはマイナス（悪）も、時にはプラス（善）も、陰、陽の両方を学ぶことによって、進化は成し遂げられていく。

喜びも悲しみも、苦も楽も、進化に必要な学びである。いずれにしても、二千五百年間のこの地上での苦しみ、悲しみ、怒りの学びの時を経て、これからは人間としての本来の楽しみ、楽《らく》、嘉びの記録が表現できるための宇宙の法則が働く時代となった。

自分の魂の記録には、何が記録されているのか。どのような物事、対人関係によって人生を楽しみ、嘉びを感じていくのか。そういったことを知りたいと思わないだろうか。

誰もが、自分の顕在意識のなかで、日々、思って考えて行動しているが、成人のすべての人間が、本当の、本来の自分の人生を送っていないのだ。

一般に「天才」と言われている人々も、スーパースターと言われている人々も、魂の記録を一〇〇％表現しているがゆえの結果ではないのだ。

いずれにしても、地球上に生きているすべての人間が、宇宙の法則に後押しされて、守られて、己の記録を表現するように生活する皇の時代に入った。逆に言えば、己の記録を表現しなければ、人生の目的である幸匐を得ることは決して実現できないのである。

誰もが幸匐になりたいと思っている。それは人生の目的であるから、当然、自然なことである。

ところが、驚くべきことに、地球上六十数億人のだれ一人として、真の幸匐を実現できていないのである。この地上で最も進化した動物である人間、しかも神、仏に守護され、導かれながら、これが現実なのである。

歴史は繰り返す。人間の歴史は、二千五百年もの長い時を経て、物質文明として素晴らしい結果を出してきた。しかし、精心、肉躰、対人、経済の幸匐の基本において、人間の苦しみ、悩みは、少しも改善されていない。

その原因はただ一つ、おのおのが自分の魂の記録を表現できていないからである。われわれは、この事実を、この現実を、しっかりと受けとめ、二千五百年の歴史のなかでつくられた常識を捨て、まず自己の魂の声をしっかりと聞かなければならない。
人生の目的の幸匐を心から望むならば、魂の思いを知ることこそがその第一歩である。

御魂さまのお言葉

◇Mさん　H21・2　マコ姫

魂　あなたの未来は、光り輝く天空の城の中でのワイオサロン。どれだけの思いで神々が道筋をつけたか？　私も神々に感謝をし、手を合わせております。
あ〜〜、あの岩盤浴の地、ワイオサロンと夢を抱き、それだけで心躍ります。たくさんの悩める人たち微笑みに変えて、心からの感謝をし、何より、何よりそのような暮らしが見えてきます。あの地は天空の地となるのです。

◇Hさん

魂　これからの生き方、考え方、すべてにおいて、もう少しかじを取り直してください。そしてこれからたくさん思い浮かぶ感情や、気持ちを受け入れるための準備をしてください。

H　ワイオで学んだことを生かす、ということでいいですか？

魂　なかなか生かすこと、できませんね？

H　ワイオとの出合いを、どう思いますか？

魂　はい、潜在の私の思いに早く気づいてくれる手段として、私はこれを望みました。まずはそこからと思いました。

H　ワイオに導いたのですね？

魂　かなりの開きがありまして、私も早くその手を握りたいと。

H　御魂さんは、顕在意識に思いを伝えることを、積極的に伝えることはできませんか？

魂　まだまだなかなか伝えられなく、域を越えますと本人自身が破壊されかねまして、なかなかどの御魂様も慎重にと。

H　どういう生活をしたら、御魂さんに近づけますか？

魂　あなたは自分のひらめき思いに、耳を傾け聞いたことがありますか？　一日数分、できる時はできるだけ自分に意識を向けてください。心に身体に目を向けて、しっかりとその声を聞いてください。何も考えず、まずは自分の思いに応えてあげてください。

◇Kさん

K　ワイオとの出合いを、どのように思っておりますか？

魂　はい。ワイオ理論は、顕在の私にはとても必要だったと思っております。なかなか受け入れ難い話ですよね？　でも、私の今までの生き方を学んだことから、それを基に早くスムーズに解釈できることができます。すべては無駄にはなっておりません。すべての学びのもと、ワイオ理論なるものと出合いました。それも必然です。スッキリと視界が開け、そして一歩一歩、私と手を取る。その日を楽しみに近づいてほしいものです。

K　私と手を取る、の〝私〟とは、どなたですか？

魂　あなたは顕在の意識としてこの世で物事を感じ取っています。私は潜在の意識として、あなた様の意識としての遥か潜在の魂でございます。もう少しですね。新しき時代が来る時、その手をつなぎ歩き、向かっていきたい。

K　名前はありますか？

魂　私はあなた、あなたは私、同じ名前です。あなたは、自分の心に耳を傾けることは得意ですね？　どうぞ、たくさん問いかけてください。その心が私そのものです。

◇Tさん　H21・2　マコ姫

魂　いつもいつも、私の声を聞いてくれてありがとう。

日常の中にそのひらめきを開花させ、それもこれも長く苦しい人々との関わりの中で修得できた。

もっともっと楽しいことが、あなたの未来に待ってます。今のあなたには、すべての日常の出来事がこれから皇の道につながるでしょう。その道筋を輝かすひらめきとなるでしょう。

T　本当の自分はどう思っているかと、問いかけている、それでよいですか？

魂　はい、そうです、そうです。あなたはいつも、いつも、いつも問いかけてくれます。今の人生、これからの人生、楽しいものになりますよ。

T　ワイオにしっかり取り組んでいくことでもあるのですか？

魂　これからの人生は、ワイオをベースにして、それで歩んでいきます。今からサロンに器械を何台置いて、と思いを巡らし、楽しんでおります。そしてあなた自身も、人々との関わりの中で、日々、大きく、大きく育っていくことでしょう。生涯、ワイオを手放すことなく、軽やかに気ままに、楽しく生きていくことでしょう。

◇Hさん

魂　はい。今日はありがとう。毎日楽しく暮らしてくれてありがとう。私も楽しく、嬉しく日々暮らしています。

H　今、どのくらい御魂さんの思いを聞けていますか？

魂　七〇%くらいでしょうか？

H　今、私にできることはありますか？

魂　自分の心に手を当てて、その皮膚から伝わる体温、鼓動を感じてください。そしてあなたの心の声をいつも聞いてください。

H　やはりワイオにかかわっていくのが、御魂さんの望みですか？

魂　そうですね。

H　インターネットでワイオの情報を伝えているのですが？

魂　せっかく書いた情報を、たくさんの人たちに見てもらう工夫をしましょう。

H　ノートを貸してもよいですか？

魂　貸してはいけません。言葉で、文字で伝えてください。

H　御魂さんは、今度の人生の使命を知っていますか？

魂　はい。少しばかり志高い御魂と存じます。

H　御魂さんの一番の喜びは何ですか？

魂　文字で伝えること。それは楽しい。

H　自分の魂結びの相手は、分かりますか？

魂　もう出会っていたいですか？　楽しみはもう少し後で。

◇Kさん

K　私はどうなりたいのか？

魂　その答えをここで伝えてしまうと、あなたは思うことをすべてやめるでしょう。これからの未来を思い、そしてそれを描き、それを実行していく。その時まで待ちます。このせわしく忙しい生活の中で、どうか一時の安らかな一人の時をつくってください。自然の中にその身を置いて、ゆっくりと眺めていてください。その中にいろいろな真のひらめきがわくことでしょう。できるだけその時間をつくってください。それが一番あなたにとって必要だということも分かってください。

K　看護師の仕事は、合っていますか？

魂　本質的に合ってはいます。ですが、魂の記録にあるものは、まだ別のものかと思われます。あなたの今の仕事は、あなたの頭の中、脳の働き、何と申しましょうか、そこには愛も、しかしあなたの心は、もっともっと別のものを求めています。
今はゆっくり過ごすことを勧めます。そしてできるだけ長く横になってください。ゆっくりと身体を休める時間を、できるだけ持ってください。

◇Yさん　H21・2　マコ姫

Y　夫婦生活についてお聞かせください。

魂　もともと魂は合わない。ほとんどの人がそのような縁で結ばれています。夫婦の成り立ちは過去世か、先祖の深き縁によってつながっている。もともと合わない者同士が一緒に生活している。

Y　私は神から与えられている役目はあるか？

魂　あなたは少し気づき始めている。これからの人生、あなたの魂の仕事が始まることを、私は強く望みます。

Y　いい加減、チャランポランのところは、魂の質ですか？

魂　私はあなたです。あなたは私です。あなたの顕在意識も、ただ行き詰まった時に、あなたの思いがどれで、私の思いがどれだか、心に聞いてくれる。

◇Nさん

魂　今日はとても嬉しいです。

N　私と御魂さんとの距離はどのくらい？

魂　パーセントで言えば六七％。

N　ワイオを伝えることができなくている？

魂　たくさんの人たちが伝えることで迷っています。私は思います。感動を伝えない限り、人は共鳴しません。あなたがイキイキとしていなければ伝わりません。ワイオの何に心を動かされたのか、それを自然に伝えるだけでよいのです。
私たち魂は、日常の中で信号を送り続けます。どうかたくさん受け取ってください。ひらめき、感じ、思いつき、それは私たちのメッセージです。心で感じたことをやっていけばよい。

昔、人間が当たり前に使っていた五感を、一日一度しっかり感じて磨き、私としっかりつながりましょう。磨けば早くつながります。待ってます。

◇Xさんの御魂さん　H21・2・19　マコ姫

※Xさんは、自分の高い望みと、あふれる知識欲で多くのスピリチュアル情報を得たが、そのことによって、自分の本体である御魂と離れてしまう結果となった。協力神と御魂との対話も闇からの邪魔が入り、御魂さんの強い思いも受け入れることができなかった。

上　Xさんの御魂さんですか、お話しください。
魂　仕方のないことでしょう。自画自賛の彼女の顕在意識、それを安易に受け入れてくれる所を選びました。今この時から、幼子のしっかりとつながれた手を離しましょう。そして私は見ていくことにいたしましょう。同じ魂と冷たいことと思われましょうが、この道が危険な道と、わが身で感じることでしょう。高次の御魂は寛大で優しく、そして気づきとあらば、ほど高き場所より突き落とすこともできます。そしてまた、彼女の手を伸ばした時、その手をつなぎましょう。
上　闇からの邪魔が入ったということですか。
魂　こうありたいと高くありたいと思う気持ちがとても強く、その思いが自然の中で…そのような揺らぐ心にも、闇は安易に入り込みます。本人が望むべく心と、安易にそうなりたいと思う心は、闇の闇の相手のすきをねらって入ります。私はいつまでも見守ります。

上　闇からのコードが刺さっていると思うのですが。

魂　そうですね。

上　彼女の友人も同じですか。

魂　はい。

上　ケリーボーネルはどうですか。

魂　私の口から伝えてもよいのか迷います。

上　巷（岐）にはそのような噂が流れていますね。御魂さんの立場として、そのことを強く伝えることはできないのですか。

魂　私は実際に手出しできません。

上　私は御魂さんからコードを抜くようにとの要請があると思っておりました。

魂　無駄ですね、彼女の意識はそれを引き寄せます。無駄です。

上　こちらから闇を引き寄せた形ですか。それでも彼女は賢いので、そんなに時間がかからず闇と手を切れると思います。

魂　私も望みます。

上　こちらの思いで、時には彼女のコードを勝手に消すことやろうと思いますが、よろしいですか。

魂　はい。

※その後、御魂さんが両手を大きく広げ、その手を次第に身体の前に持ってきて、手のひらで何かを包み込むように合わせて、上志満の前に差し出した。

魂　これを渡してください。今度彼女に会う時渡してください。

上　これは何ですか。

魂　私の思いと愛です。

上　私にもっと力があったら、彼女を引き止めることができたと思うのですが、御魂さんもつらいですね。

魂　求めるものが強すぎ多すぎて、誰のせいでもありません。…信じてますから。

※御魂さんは涙を流しながら、自分の彼女に対するいっぱいの思いと愛を上志満に託した。

◇Sさんの御魂さん　H21・2・19　マコ姫

魂　今日はどうもありがとう。幸せだね。よい家庭が持てたね。何を話そう。

S　何か私にメッセージありますか。

魂　子どもに一生懸命。とても良い子だよ。今が一番かわいい時。すぐに親離れするからね。その時に自分の向かう道を今から見つけていきましょう。これからは家族があって、その中で自由な時を過ごすようにこれからはいってほしいです。そうすることにより、ますます楽しく人生、共に歩くことができます。できれば伸び伸び自由に育ててあげてね。時には手を放し、一人で歩む道も作ってあげてね。あなたは聞きたいことがありますか。

S　子どもたちのことですが、親の意見を押しつけていないか、未来を邪魔していないか？

魂　だから、その手を時々放してあげて、求めた時にはしっかりその手をつなぐ。それだけでよいのです。よい子、良い子。

S　自分にはもったいない子どもだと思っております。

魂　お母さんがも少し自由になると、子どもたちの発想は無限に広がる。まじめな子育てをして、あまり枠に中に閉じ込めないでほしいの。ニコニコ笑って見ているだけで、子どもたちは安心して子どもらしく行動をとれるようになるの。時々その手を離す。分かった？

S　難しいですね。

魂　これからの子どものために、少しだけ自分の時間の許す時にでもワイオ、この理論をこの理論の扉をたたいてみてください。子育てに関わるあなたの少しこわばったその心を解かすことができるでしょう。あまりにもまじめに子育てをせず、この理論で学ぶ手抜きのこと、聞いてみてください。気持ちが違うでしょう。

S　年とともに体調が悪く、寝込むことがあるのですが。

魂　それはあなたがこれから生きる魂で、その時代の流れに沿った体の浄化を感じている。その変化だと思います。そして見えないところのエネルギーが加速的に変わっています。その浄化に体がついていけないこともあるのでしょう。時々お札を使って見えないエネルギーを動かして、ゴミを取ってもらいましょう。通常に体の浄化が進んでいけば、頻繁に使うことはないです。時々使って体の変化を見たらどうですか。

S　人間関係で悩むことが多いのですが。

魂　強烈に見えない世界が動いています。それにより人々も揺り動かされております。肉体も感情の浄化もすべての人々に起こることです。もうしばらく続くと思います。でもあなただけではないのです。あなたの笑顔が大好きです。早く私、もっともっとあなたの中心に近づいていきたい。どうぞ時々一人になる時間をとって、言葉をかけてください。いろいろなひらめきや思いつくこと、それは私の言葉です。顕在と潜在の意識の統合が今一番大切な時です。

S　大好きな祖母が亡くなってしまったのですが。

魂　あなたの手で、お札で天国へと導いてください。

S　まだ近くにいるのですか。

魂　しっかりとお休みになる前に、ここに連れて来られたようです。

◇Oさんの御魂さん　H21・2・19　マコ姫

魂　今日は来てくれてありがとうございます。

O　仕事についた方がよいか、勉強の方がよいか？

魂　今この時に合わせて、いろいろな思いがわき上がってきています。強く思うのは、できるだけやりたいこと、それを自分の中に強くイメージしてください。今の仕事に疑問を抱くその気持ちも、私の思いを受けとめてのことだと思います。勉強は基本的に、自分が楽しく学ぶことならばよいです。少しでも負担、苦痛を覚えるものであればそれは違う。できるだけ私に問いかけてください。私は早く早く一つの心を持って、あなたと共に歩みたい。なかなか今までは思いどおりにできなかった。これからは強く自分の心につながってください。分かりにくいですか？

O　やりたいことをずっと見つけたくて来ている。

魂　その思うきっかけがこの時期です。これからどんどん加速します。私から今ここで魂職を告げることはできません。その思いに立ち向かって自分で気づいた時、それが私と一つになる時期。

※御魂さんの思いが強いので、マコ姫の体に痛みとなって表れている。

O　御魂さんに問いかければよいの？

魂　あなたにはその能力があるはずです。敏感な感覚を残しています。あなたは人を見る、人を見透かす、人を観察するのが得意です。それに今まで培った経験とこの記憶が…さらに上に呼び戻してほしいのです。質問して、その答えを右手で受け取ります。

気　気吹戸《いふきど》でございまする。聞きなされ、聞きなされ。そなたの行くべき道、そこではない。今までの経験、これから役立たせるためにお札を使いなされ。そして学びなされ。おのずからそなたの進むべき道が現れる。今日のこの日の出会い、とてつもなく歩む道開いていく。

◇Kさんの御魂さん　H21・3・31　マコ姫

K　ワイオとつながって、今進むべき道を迷っている。

魂　これからは、今与えられていたすべての仕事の成り行きが変わってきます。よい流れへと向かいつつあります。あなたは、ワイオセミナーどのように受けとめ、どのように感じているのか。今の気づきが、このワイオの中に集約されています。あなたの兼ね備えたその能力と、鋭利な融合させた面白い楽しいセミナーを展開していけばどうですか？

K　ワイオの学びをした時に、どのように融合して伝えられることができるか見えてこない。芸能界の方々と縁が出来ていく時が来れば、と思っているが、皆さんが表に出そうとしている。表に出ることをした方がよいのか判断しかねている。

魂　あなたの個性は、皆が認めています。そして、あなたはたくさんの人たちを支える役目も持っています。ただ、今とても急いでいます。神々の動きも、今まで以上のゆっくりとしている時ではないような気がします。その時に、できるだけたくさんの人たちにワイオを伝えておくだけで、どれだけの人たちが安心してその時を迎えることができるかと思うと、私は居ても立っても、自分さえよければと決して私は思わない。できるだけたくさんの人たちに、平穏な穏やかなこの移行期を過ごしてほしいと思っています。

このように、強く御魂の気持ちに、できればあなたを苦しめる結果になるかもしれませんが、分かってほしいと思い、話しています。できればゆっくりと近づくと安全なことですが、私の使命を持ってあなたを守り抜きます。

K　自分の感覚が感じるままに動くと少し不安がある。ある程度抑えて、感覚を全開にはしないでこれから歩んでいっても、と思っています。

魂　そして、このワイオに関わるすべての道具があなたを守ってくれます。

K　ワイオにつなげるために直接伝えることができない時、何を伝えたらよいか？

魂　これからの生き方を伝えてください。

◇Aさんの御魂さん　H21・3・31　マコ姫

魂　今の気持ち、あなたの心、波のように波のように揺らめいて、水のように清らかでその清らかさゆえに、傷つき汚され、しかしながら、水、不浄のものを清らかにします。どうぞ自分を信じて、心を信じて踏み出してください。何かお話ししましょう。

A　いろいろなことに不安。今後のことについてどうしたよいか？

魂　水の中へ、あなたの持つその手、静の中にピンクの絵の具を一液、たらしてごらんなさい。小さな一粒があなたの中で広がっていきます。信じることです。心を信じること、そして私を信じること。まず一歩、小さな小さなお店に行って、そこでゆっくりと甘いジュースを飲んで、外の景色を眺めてごらん。きっと、ひらめきがあなたの中でたくさんたくさんわいてくる。無理に人に合わせなくてよいの。無理に話をしなくてよいの。何か指先、こまごまとこまごまと何かを造りだしてごらん。

A　結婚は？　これからそのようなことは？

魂　これから、今までのあなたには考えられないことが起こってきます。そうやって自分の中で意識してきた、それは私の言葉です。メッセージです。合図です。あなたはいつも思い受、自問自答しながら、今はまだネガティブな思い、どんどんわき上がってきます。自信を持って、紅をさして、鏡を見てにっこり笑って…。今日は私の声を聞いてくれて本当にありがとう。

◇Ⅰさんの御魂さん　H21・3・31　マコ姫

※顕在意識の精神的肉体的体験状態を、潜在している魂の意識も同時に感じている。苦しい恐怖の体験が強いと、御魂は肉体から離れてしまう。見えない線でつながっているから縁は切れないが、顕在意識に思いを伝えることもできなくなる。問題は、遠く離れたすきに、他の浮遊している霊その他の魂が入り込んでしまうことである。他の者が入ってしまうと、本来の魂が入ってこられなくなるのだ。御魂は、今の世に肉体を持って生きる形であの世から出てきたのに、それは今の世での死を意味する。顕在意識の肉体にとっても同じことである。

魂　一つだけよいですか？　私のために、皆さんが心配していただいて申し訳ございません。お願いがございます。御魂の私に向けてお札を使ってください。

※自主の文字でお札を二枚使った。

上　御魂さんは肉体とだいぶ離れているようですが、訳を話してくださいますか。

魂　はい。僕はあの時死んだんだ！

※この御魂さんは、神戸地震の恐怖の体験の時、しばらくの間（一時間ほど）肉体から離れ、その間に他の魂に入り込まれて、自分の肉体を奪われてしまったのだ。その後、どさくさにまぎれて入り込んだ他の御魂さんも、祖から皇への変化の中で永き眠りにつく形で肉体を去っていった。本来の御魂さんは、その直後、母親の切なる願いと深い愛を感じとって、声を出して泣かれ、涙と共につらい過去の体験と縁を切り、本来の肉体に戻った。皇の時代は、魂がないと生きられないのだ。時は迫っていた。このような例は数多くあると思われる。

◇Oさんの御魂さん　H21・3・31　マコ姫

魂　今日は、お話しできてとても嬉しいです。日々の生活、本当にワイオに出合えて助けられている。そういっても過言ではないくらい、今のあなたにとって本当に良き出合いでありました。これからますます厳しくなっていく世の中の状態。ワイオに出合えていたからこそ、気持ちも楽に構えていることもできる。今私は、あなたをみていてとても安心できます。日々の生活の中で何か不安に思うことにぶつかった時、これからの生き方のページをめくり、読んでみてください。きっとそのページに中に必ずあてはまるメッセージがあります。

O　子どもたちはサロンを手伝ってくれるか？

魂　原則として、たとえ家族であっても人の手は借りない。ただし、同じ方向性を見つけた時、仲間として迎え入れてあげてください。

上　ワイオとの出合いは、どなたのお手配ですか。

魂　神様（国常立神）のお導きのもとに。今日はとても嬉しい記念する日になりました。神々様も光の柱のもとでお祝いの時を過ごしております。

◇名古屋の御魂さん　Y・Tさん　H21・4・20　コウ姫

※昨夜から、多くの御魂さんが、また繰り返し現れて、思いを伝えようとしている。入ってこられる北原さんは、重苦しい状態になり、大変である。とりあえず、言葉を聞いた。

上　どうぞ、お話しください。

魂　本当の自分を分かってほしいです。伝えたいです。私の魂とつながっている者、物体を持つ者、気づいてほしい。

上　あなたの伝えたい方は、どこに住んでいるのですか？

魂　緑区です（泣いている）。

上　お名前教えてください。

魂　Y・Tです。

上　電話番号は分かりますか？

魂　分かりません。

上　今、元気に働いているのですか？

魂　働いています。働いているけど、心は病んでいます。年は、三十四歳。看護師。思いが伝わらないのです。

上　同じような思いを持っている御魂さんが、多くおられるのですね？　ワイオ理論は聞いたことありますか？

魂　一度だけ。

上　ワイオに導くよい方法はありませんか？

魂　あらゆる手段を使ったらよいと思います。

上　御魂さんの思いは、よく分かりましたので、私たちも、顕在意識に伝える機会を作っていきます。一度に来られますと、生活が大変なので、代表の方だけにしてください。

魂　私たちも、分かってもらえるところがないものですから。ごめんなさい。ごめんなさい。

※ワイオ理論によるところの、先祖から魂へ変わることを、ワイオのセミナーに参加している多くの魂が、知っている。ワイオセミナーに参加しているものであれば、魂も、心配なく見守ることができるが、ワイオと縁のない身体の御魂さんにとっては、とても心配である。どんな

に、顕在意識に思いを送っても、受け取れないし、ワイオと縁をつける機会がない。今、われわれが行動を起こして、ワイオと縁をつける種蒔きをすることが、とても大事なのである。急ぎ、行動を起こさなければならない。

◇Mさんの御魂さん　H21・4・24　コウ姫

魂　話してもいいかな〜。君は僕なんだよ。敬語なんか使うなよ。もっと近くに来てほしいな〜。僕の存在、忘れてない？

M　忘れてはいないけどね。

魂　そうかな。時々さびしくなるよ。

M　もっと、対話しないといけないかな〜。

魂　対話っていうか、もっと感じてほしいんだよ。

M　鈍感だからな〜。

魂　鈍感じゃないさ。君は、ちゃんと、受け取れる能力を持っているよ。あれこれ言わないけどね。君の心が躍る時、その時、僕と一緒なんだよ。その感覚を忘れないでほしい。金のことなんかどうでもいいじゃないか？　ワイオ理論が、一番ワクワクするんじゃないの？　僕はそうなんだけどな〜。それに絡めてすればいいんじゃない？

◇Uさんの御魂さん　H21・5・24　マコ姫

魂　ワイオ理論を聞いて、あなたの賢い心は、何かを強く、感じ取ったと思います。いかがですか？

U　何か惹かれるものがあって、訳も分からずに。

魂　それはまさしく、私の思いでもあります。気づいてくれてありがとう。訳分からない。しかし、心が弾む。それが、御魂の思いです。これから先、ますます、苦しむ人たち、嘆く人たち、悲しむ人たち、数えることができないほどにあふれてくることでしょう。その時どうぞ、希望と望みを持って、ワイオ理論につなげてあげてくださいませ。

U　どうやったら、魂とつながって、楽しく対話できるでしょうか？

魂　まずは、日常の中で、日々の生活の中で、少しずつ、少しずつ、訓練してください。時々、思いやひらめき、起こると思います。その時、再度、思いやひらめきに耳を傾け、何度も問いかけてください。そうすることで、あなたの心は高鳴り、答えを出してくれるでしょう。あとは、直感を磨いてください。簡単なことから、勘を使ってゲームをしたり、先のことを読んだりしてみてください。仕事はそのまま、しばらく続けながら、サロンを目指してください。器械を置いて、集まる人々を、心の底から喜ばせる。それを目指してください。

◇Nさんの御魂さん　H21・5・24　マコ姫

魂　真の理論を通じ、あなたは今、これまで生きてきて、自分の人生を変えるであろう。この、真の理論、深く受けとめてください。この真の理論を聞いて、あなたは今、どのように気持ちの変化がありますか?

N　引き込まれていく感じ。

魂　今まで、今までの人生の中で、一番高揚する、その感覚、分かりますか?

N　すごく興味を持った感じ。

魂　そして、神々、あなたのそばで、いつも歩む感覚、どうお思いですか? これからは、神様、御魂、少しずつ対話、望みます。もっと御魂を近くに引き寄せてください。心の内側に、強く出る思い、それを感じ取ってください。その積み重ねが、御魂、神々と対話の一歩となります。

N　無心になって、受け取るのですか?

魂　無心になるとは、少し違う。自分の中にわく、問いかけありますよね? それに対して、自分の中から答えが、時には、いくつも出てきますよね? その時、一番強く残る、印象深く残る思い、その思いに従ってみてください。時には、瞬間に思いがよぎる時も。何げに思いが残っている。後で思いと照らし合わせて、検証してみてください。どこかで、答えが、現実と重なることが多々あると思います。これも、一つの訓練です。直感を、ひらめきを、信じて動く。そして、検証してみてください。あまりかたくならずに、リラックス、リラックスしてください。どうぞ、ひらめきを大切にしてください。そのことが、あなたの神と御魂とつながる、一番の近道です。よろしくお願い致します。

◇Kさんの御魂さん　H22・5・24　篤姫

上　話してくれ。

魂　ふふん…ふふ～ん…ふん、ふざけるな！　何が？　今、何て言った？　もう一度言ってみよ。

上　ふざけるな？　え？　あれ～？

魂　全部、魂に任せておる～？　悪いが、顕在と一緒にしないでくれ。ごめんこうむる。最低な男じゃ。フン。父上を困らせ、どれほど悩んでいるか知っているのか？　何も知らんであろう。今日という日は、とんでもない記念すべき日…。今後、私があなたを支配する。任せてもらうなど要らない。もし、まだ命さまが心配するようなことを言ったりやったりしたら、まずお前のそばから離れる。もうこりごり…もうよい。もうそばにいて、疲れるだけ。なぜ、己の大切な使命がわからぬか？　情けない…聞いておるか？

上　聞こえない。

魂　なら、もっとでかい声を出そうか？　う～ん…本当の役目を知らん!!　なぜそのように興奮するか、知っているか？　顕在、話せ。

上　わからん。

魂　いい年こいて、いつまでも、いつまでも‼　でかい声を出して騒ぐか？　仕方がない、教えてやろう。トラウマだ！　トラウマで騒いでいる。その先を聞かないのか？　誰と、どのような約束をしようと、そこに目を向けなければ、また同じことを、何度も繰り返す。それを分かっているから、どうしても今日は言わなければならないことがある。ふ～ん…聞きたいか？　聞きたくないか？　聞きたいのか？　聞きたくないのか？

上　話す必要があったら、話してもらえばいい。

魂　聞く耳がなければ、話しても無駄じゃ。

上　耳は聞こえてる。

魂　では言おう。あれは確か、二歳にもなる前のことだ。誤って、暗い穴の中に落ちた。怖くて、怖くて、真っ暗闇…足をすべらし落ちた。誰かに落とされたと思った。その頃から、悪いことばかり…。父親、母親に怒られてばかりいた。昔は、どの家にも防空壕のような穴があった。そこに落ちた。怖くて、怖くて、何時間も怯えてふるえていた。そして、あまりの怖さに、あるったけの声を張り上げ怒鳴り散らし、泣きわめき、あるだけの声を出し、父親が気づいてくれた。十二時間もその穴にいた。その時の恐怖が、今でも鮮明に残っている。その時の大きな声を出さなければ帰らぬ人となる寸前だった。大切なことになってくると、その時のトラウマが頭を持ち上げ、声が大きくなり、周りの者から見れば、異様に興奮しているように見える。そのトラウマを打ち砕かなければ、お前のその荒々しい言葉は、永久に改善はしない！　小さい時のことだが、あえて言う必要はないと今まで黙ってきた。だが、こうまで…こうまで父親を悲しませることは、もう、もう耐えられない。そして大切な、大切な父の意志を継ぎ、頂点に立つ者として、今のままでは安心して誰もついてこれなくなってしまう。父上は、篤姫と毎晩その話をし、どれほど頭を痛めてきたか…。しかし、お前のほかに、父の意志を継ぐ者は、他に誰もいない。いるなら、とっくにその者に継がしている。

上　だから…この俺の顕在がダメなら、あんたの御魂さんにふさわしい人間を探せばいい。

魂　それができるなら、とっくにしている。できるなら、言われなくても、そうしている。

上　だから…話は分かったよ。探せばいい。

魂　探すことができるならば…。

上　俺にないなら、そうすればいい。

魂　それができるなら、とっくにしている。

上　それほど俺が、理解できないバカ者であれば、ぜひそうしてもらえ。そうすれば、本体は魂なんだから、それでいい。顕在の俺ではない。

魂　うん。それが本心か？　それが本心か？

上　もちろん。

魂　ならば、考えよう。父上と、もう一度相談しよう。

上　うん。それがいい。

魂　そして考えよう。

上　しょせん、顕在はこの世の顕在。本体は魂。それでいい！

魂　ならば、今まで言ってきたことは、全部嘘か？　みんなの前で話をしてきたことは、全部嘘だというのか？

上　何が？

魂　セミナーで、一緒になれば、魂の記録がごとく生きるということ、みんなの前で説いてきたろう？　それは全部嘘か？

上　嘘なわけがない。そのとおり。ただし、それほどまで顕在を否定してダメであれば、最善の方法を取るしかない。

魂　一つけなしたことで、すべてけなすというのか？

上　いえいえ、御魂さんがそう考えるのであれば、俺のことをそう考えるのであれば、それは仕方がない。

魂　なら、話し合いも何もないではないか。

上　今は、話し合ってはいない。一方的に俺に対して宣言した。

魂　何を宣言した？

上　まあ、いい。分かった。これでいい。

魂　トラウマを教えただけであろう。

上　トラウマは、理解できない。二歳であれば、記憶に残っている。そういう場所はなかった。

魂　二歳前だ。記憶などない。しかし、記憶でないところのトラウマというのは、人間はあるものだ。なぜそれを否定する？

上　過去世におけるトラウマであれば理解できるが、今世におけるものはちょっと理解できない。

魂　今世と言ったか？

上　だから〜…トラウマは、過去世も今世もあるわけで、もうちょっと分かりやすく言ってもらえば、それですむこと。

魂　これ以上、分かりやすく言えということは難しい。

上　けんか腰で言うなよ〜はじめから…。

魂　いつも、けんか腰で言っている…。

上　売り言葉に買い言葉…。

魂　このように、人に接しているということが、まだ分かっていない。

上　自分の本体だから言えることだ。

魂　まあ、よい。言いたいことはこれで全部言った。あとの判断は、任せよう。

上　うん。それは、俺としては、命さまとの約束、先生との約束、ムの方の言葉、それを受けとめて、できるだけのことをするしかない。

魂　私はどこにもいかない。誰かに入るつもりなど毛頭ない。とことん付き合うつもりだ。

上　分かった。

魂　どんな状況におかれても、常にどこにでもついていき、絶対に離れないことだけは頭に入れといてくれ、これだけは明確。

上　以前、俺のこの身体は、思うように使ってくれといった言葉は、どう受け取ってくれたのかな？

魂　今は答えない。とことん付き合う。この先、何が起ころうと、とことん付き合うつもりでいる。それが定めよ。ただし、容赦なく、自分の素直な気持ちは、いつでも話をする。

上　分かった。すまんねぇ…そんな頼りのない顕在で…申し訳ない。

魂　大好きだから…誰より、誰よりも大好きだから…離れない。

上　本当なの？

魂　絶対に離れない。たとえ、どこに行こうと、たとえ、誰にどのようなことを言われようと、その時は俺が守ってやる。何にも心配する必要はない。ただし、父親だけは泣かせないでくれ。これだけ頼む！

上　分かった…。

魂　頼む…（涙）お前ほど、…人間はいない!!　いつもそう思っている。忘れないでくれ。その言葉を。どんな時も一緒だ。それだけは忘れないでくれ!!　一緒に、父親の無念を晴らそう！　いいか！　聞いているか？　父親ができなかったことを、一緒にやってくれ。共に…（涙）頼むよ…また話そうぜ！　今日は話せてよかった。これからも、よろしくお願いします。

皆　こちらこそ、よろしくお願いします。先生についていきますから…。

◇Hさんの御魂様　H22・7・6　篤姫

上　Hさんの御魂様ですか？

魂　はい、そうです。

上　お話しください。

魂　今日はありがとうございました。今まで今日ほど、あなたの心が開くのを感じたことはありませんでした。どうですか？

H　嬉しいです。

魂　今日はなぜだか、私もすごく嬉しいです。嬉しくて、嬉しくて…やっと、やっと私の声が届く範囲に入りつつ、そのような感じがしませんか？　しますよね？

H　はい。

魂　そのとおりです。ここに居られた若い方、あなたの母親ですよ。

H　え〜…？（笑）

魂　母です。

H　はい。

魂　そしてどのような親子だったかと言えば、大きく商い問屋をしておりました。問屋です。

H　はい。

魂　少しだけ、記憶にありますか？

H　え〜…まあ…ないかなあ…？

魂　あなたは人の心の中がよ〜く見える人です。

H　そうですか…。

魂　したがって、この理論を広めていく最大の武器を持っています。なぜ使わないのですか？

H　う〜ん…。今まで四十年程飲食店をしていて、もうなんかお客さん相手をするのがくたびれた…。この一年くらいゆっくりして、このお金はないけど、この時間はあるので、何とも言えない優雅さ…。もう今は一番それが幸せ…（笑）。

魂　これからは大きくあなたが願う生き方に入っていきます。

H　はあ〜…。

魂　何も、何も案ずることは、何一つありません。

Ｈ　やあ～…嬉しい…。

魂　そして持っている備わったあなたの武器をしっかり持って伝えてください。それがあなたの役割ですよ。

Ｈ　はい。それはまたお仕事ということですか？

魂　もう商売はしません。

Ｈ　しません？　はい。

魂　もう卒業です。なぜかと言うと、その商売はあなたに与えられた学びの過程で必要なことだったのです。そしてすべてを終了し、あなたはあなたの魂の記録に向かって、第一歩を踏み出すのが、この七月です。

Ｈ　はい。

魂　もっと明確に言うならば、今です！　今、ここからです。

Ｈ　はい。

魂　もう一つ言うならば、この篤姫とあなたは過去世で大きく関わったことがありました。きっとこれから、ますますあなたの魂の記録が出てきたら、篤姫とどのように関わってきたか、よ～く分かってくると思います。

Ｈ　ふ～ん…。

魂　それにはやることがありますよ。

Ｈ　はい。

魂　今あなたが伝えなければならない人、目の前に何と多くいるか…。

Ｈ　え～っ!!

魂　数え切れません。

Ｈ　え～っ!!

魂　その役割が今日、明確になっただけでも、これからの生き方が大きく変わってきます。あなたはこの篤姫を見て、何か思い出すことはありませんか？

Ｈ　う～～ん…?? 何か分からない…う～ん…。

魂　まあ、次の宿題にしましょう（笑）。

魂　その代わり、やっていただきたいことがあります。私とあなたの関わりを教えてくださいと、九日間お札を書いてください。

Ｈ　はい。

魂　いいですか？

Ｈ　はい。

魂　そうすることで、見えてくる第一歩があります。本当のあなたはこの理論で動きたくて、動きたくて…どうしようもない私がいるということ、ほんの少しだけ気づいてきています。

そうですよね⁉　少しだけ気づいてきていますね？

Ｈ　はい。

魂　そうです。私の交信です。まあそれは後にはっきりしますので、他に聞きたいことはありますか？

Ｈ　他はそうですね～。あの…姉ね。私の産みの母がいるんですけども、え～うちの父親が私が弟と半年くらいしか変わらないっていうことは、私の産みの親と、結婚している時にその浮気をして、その弟が出来た。で、私の母が私を産んで、すぐに自殺をしたんですね…。それでも私は自分を育ててくれた母親を大事にして、全然お墓参りにも行かなくて、産みの母のね…うん。そして一週間ほど前にこれから自分の産みの母のお墓を大事にしないとあかんなあという気持ちになったんですけれど…。

魂　お母さんは自らの命を絶ったこと、今は後悔してはいません。悔いてはいません…。しかし、自分の命を絶ったことは悔いてはいませんが、あなたがあなたの役割を果たせないでいることに心を痛めています。私を少しでも思う気持ちがあったら、自分らしく生きてほしいと、今、私に交信してきています。

Ｈ　はい。

魂　そして、あなたと四カ月しか違わない弟は、前世は実の兄弟でした。あなたのお母さんは役目を全うしただけです。今、心静かにそのことをしっかりと心に刻み、お母さんが何を一番あなたに求めているか？　私はもう一回この世に帰ってくることができます。しかし、今の過渡期、あなたは素晴らしい理論に巡り合えた。私ができなかったことをあなたは、あなたにどうしても…やってほしい…（涙）この世に天国を造るという、この…この理論…（涙）見えない世界に行った者はすべて、すべてこの理論がどれほど多くの御魂を救うか…どれだけ多くの人がこの理論に出合いたくて…（涙）出合いたくて、心が楽になりたくて、待っているか…。今、あなたのお母さんがこのことを話してくれました（涙）。あなたに心から伝えてくださいと、私をほんの少しでも愛おしく思うならば…願わくは一人でも多くの御魂に、この理論を届けてほしいと言ってくださいと…（涙）。

H　聞こえましたか？

魂　はい。

H　待っている方がいるということをしっかりと心に刻んで、今日は帰ってください。

魂　はい。

H　お願いします。

ありがとうございます。

◇Nさんの御魂様のお言葉　H22・8・4　篤姫

上　Nさんの御魂様ですか？

魂　はい、そうです。

上　お話しください。

魂　あなたのご主人はいかがですか？

N　ありがとうございます。おかげさまで、まあ、あれから、マイナスイオンというものを教えていただいて。何とかして少しでも物が食べられるようになったらいいなと思っていたら、四、五日たったとき、「お腹が空いた」と言って、食事ができるようになって。今も、まあ、しんどく、食べていてもしんどいみたいですけど、多少は食事を頂けるようになったのが、私にとっては嬉しいんですけどね。はい、そのような状態ですね。主人の方は。

魂　マイナスイオンが効いたのではありません。あなたの身をもって、あなたとこの理論を結びつけたかった。あのまま、ご主人のエネルギーが次第に消えたら、あなたはご主人と約束したこの理論を学ぶ気力さえなくすことを心配し、もう少しあなたのそばに、もう少しいさせてくださいと、神界にお願いしたある方がいるのです。ゆえに、あなたはご主人に守られたのです。この理論を自らが学び、大切な周囲の方にご主人が思いをかけた方たちが、七人ほどいます。神のお力にて、ご主人は生かされている。帰ったらご主人に聞いてください。

N　はい。

魂　あなたがご主人に、今、気になる人の名前を七人あげてくださいと言い、書いてもらってください。その七人は、あなたの知り合いも含めての七人です。その人たちに理論を伝える役目が、あなたにはあります。その七人は、あなたが過去世で大変お世話になった方たちです。苦しみからも助けてくれました。

今世は、ご主人の力を借りて、その御魂さんにこの理論を伝える役目を担っています。幾度となく繰り返す関わり、七人と二人で九人です。

大きく魂の役割を果たしているということです。これが大筋のこれからのあなたの役割を伝えさせていただきました。

N　はい。

魂　あなたは多くの方から愛されています。友達もたくさんいます。しかし七人の方は今現在、あなたの周りに二人入っています。分かりますか？　その二人は分かりますか？

N　私が迷惑をかけている人ですね？　平成十九年に詐欺に遭って、高齢のおばあちゃんに迷惑をかけたので、その一人ですね？　Aさんのおばあちゃんと S さんに助けてもらった、それではないですか？

魂　それです。

N　これからどういうふうに…⁇　裁きは⁇

魂　裁きはありません。これから間もなく、自然消滅となります。
しかし、御魂を救うという役割があります。

N　救う役割とは…？

魂　この理論につなげる、御魂を救えるのはこの理論しかないと…。神に陳情して、ご主人があなたを救おうとしている。どうしたらその方たちの御魂が救えるのか、どうしたらその御魂が救えると思うか？　この次の学びの場で、「一生のお願いがあるゆえ、聞いてください」と言えますか？

高齢の方については、どうしてもお連れできない場合、間接的に誰かにお願いしてもらうか、お札に乗せてあげる…。

あなたには心で受け取る役目がありますが、すべてを受け取れないので…。苦しみを乗せて送るお札を九日間やってあげてください。

今、それは大変だとよく私は分かっています。

でも、やらなければならないと分かってください。この部分をクリアすれば、銀行からの連絡については、とりあえず逃げておきなさい。大丈夫、うまくいきます。この理論に出合ったことによって、あなたは体験するのです。結果を出すのです。そのためにこの理論に出合わせていただいたのです。

大きな力が働き出したのです。しっかり感じとってください。

N　子ども二人にも迷惑をかけていますが、主人に聞けば…。

魂　ご主人は五人です。ご主人に、あなたが気になる人五人を書いてと伝えてください。あなたは二人です。全部で九人です。あと、九日間どうすればよいか、上志満先生にお聞きください。よろしいですか？

N　分かりました。ありがとうございました。

◇Tさんの御魂様のお言葉　H22・7・6　篤姫

上　Tさんの御魂様ですか？

魂　はい。

上　お話しください。

魂　今日は良かったですね…。

T　はい、もう本当に感謝しています。

魂　今日来た方は特に、お役目があるのですよね…。

T　そうですか…。

魂　どのような役目を持って今世に来たか…分かりますか？

T　分からないです。

魂　実は子育てが得意ですね？

T　はい。五人おりますので、まあ…。

魂　ご自分の子どもだけではなく、これからの大切な時代の役割を担う子どもたち…あなたの手で育ててあげてください。

T　あ～…そうですか…はい。

魂　その大きな役割を持って、今回この理論に出合いました。これから、子どもたちを持った若いお母さん方がたくさんこの理論に出合ってきます。しかし、小さい子がいると母親はどうしてもそちらに意識がとられ、理論を学ぶこともままならない状況ですよね。そこをあなたが上手に子どもを育て、あなたが中心になって、その子どもたちを教育する人を導いていきます。

T　はあ…。

魂　はい。大きくその役目があり、今世に生まれてきております。

T　あ～…そうですか…。

魂　そのために立派に子どもたちは育て上げました。どの子も何の心配もありませんね。

T　はい。

魂　見事に教育者ということを、あなたは足元でしっかりとやってきて、後ろ姿を見せてまいりました。実は、前世でも同じようなことをしておりました。

T　あ～…そうですか…。

魂　そして、ご自分の思想は高く、もっともっと人に役立つ意味の子育てがしたいと我らに申し出て、今世、まずは己の子をしっかりと育て上げ、そこに大きく芯を持ち、これからの大切な子…何が必要か、何がいらぬかということをしっかりと見極める御魂を持っておる。大きくは、その役割を果たす生き方になっていくゆえ、この理論で今、この過渡期にしっかりと学んでいく役目がありますよ。

T　はい。分かりました。

魂　他に…。

T　具体的なこと…例えば…具体的にはこの理論をしっかり勉強して、その後ですね。そういうふうに子どもたちを見ていく…。

魂　今はこの一年くらいは自らも学び、そしてあなたがこの子！　という子をあなたが見つけるのです。

T　あ〜…そうですか…。

魂　その役目もあるのですよ。

T　はい。

魂　あなたがあなたの意思でこの子に違いないと思えるなら、その子がそうなのです。

T　そうですか…。

魂　あなたの前に出たときに、その子はキラリとした眼差しであなたを見ます。

T　はい。

魂　その子たちです。

T　あ～そうですか…。

魂　今の二十歳代です。おおよその子がほとんど二十歳代だと思ってください。

T　あ～そうなんですね。はあ…。

魂　少しだけ、心当たりがあるでしょう？

T　二十歳代？　う～ん…若い人はあんまり…。

魂　あなたのその優しい笑顔を向けられる子です。そこを目安に意識しておいてください。

T　分かりました…はい。

魂　これからの大切な子どもたちを導いていく大きな役割…それをしっかりと心に入れておいてください。そしてそのためにはやらなければならないことがあります。

T　はい。

魂　まずはあなたのその大役を果たせるべき、大きな、大きな邪魔をしているエネルギーもまたあるのです。

T　はい。

魂　そのエネルギーの層となっているものを、しっかりとお札で送ってあげてください。

T　はい。

魂　それがきちんと役目をこなせる大きな要因となっています。九層になっているエネルギーを一層ずつ、お札でゆっくりと休んでくださいと、送ってあげてください。その九層のお札が終わったら、まず一人目、翌日にあなたの目に飛び込んできます。

T　あ…はい。

魂　それで私が言ったこと、分かっていただけると思います。

T　あ～…そうですか。

魂　真、あなたの役割は大きいですよ。

T　分かりました。はい。

魂　それゆえ、あなたには今ある環境を与えられましたよ。その与えられた環境、感謝してくださいね。

T　はい。

魂　他に聞くことはありませんか？

T　あのう…えっと…私のお金の器が壊れているっておっしゃるので、治していただいたんですが、治っていますでしょうか？

魂　見事、きれいに治っております。

T　そうですか…ありがとうございます。

魂　それゆえ、今後はあなたが実行すればした分だけ、しっかりと器にたまっていきますよ。

T　あの…お寺とも縁が切れるでしょうか？

魂　あと二カ月だけ、そ～っと見ておいてください。

T　はい。分かりました。

魂　必ず、あなたの思ったようになります。

T　あ、そうですか…ありがとうございます。もう一つ、ちょっとお尋ねしてよろしいでしょうか？

魂　はい。

T　マレーシアに長男が行っているんですけど、二人の子どもね、孫がいてるんですけど、すくすくとは育っていないような気がするんですが…。

魂　そうですね…少し困難はあります。あと二年もしないうちに帰ってきます。

T　あ〜…そうですか。

魂　それまで待っていてあげてください。

T　あ〜…はい。分かりました。家族で帰ってきますか？

魂　今は少しだけ、大変な時期ではありますが、大丈夫です。

T　あ、そうですか。

魂　一つ…そのマレーシアの家族にお札を書いていただけますか？　今、困難なことに少しだけ直面しておりますので、いいいですか？　そのエネルギーをお札に乗せてあげてください。

T　はい。どのように書いたらいいでしょうか？

魂　それぞれの家族の名前を書くことと、その土地にまだ浮かばれない人たちがいます。そこから発信するエネルギーで少しだけ、少しだけ困っていることを抱えております。その土地に眠る御魂を安らかにしてあげるべき、お札を使ってください。遠きがゆえ、多くの霊がおりますので、お札もそれなりに必要かと思いますが、やっていただけますか？

T　何日くらい、ずっと続けたらよろしいでしょうか？

魂　何日も要りません。一回だけやってあげてください。

T　はい。分かりました。

魂　詳しいことは先生にお尋ねしてください。今日は本当にありがとうございました。

T　本当にありがとうございました。

◇Yさんの御魂様のお言葉　H22・7・6　篤姫

Y　あのう…こういうふうにワイオ理論を学ばせていただいているんですけれども、やっぱり世の中の流れを見ながら、自分が二十一年間経営してきた、その中でやはり業績が落ちてきたりとか、お客さまが来なくなったりとか…何か自分の中で仕事に対する思いが変わってきた。数字も落ちましたけれども、この仕事を続けていくにあたって、やはり俗っぽいですけど努力をした方がいいのか、この仕事の業績不安に対して、現象をどういうふうにとらえていったらいいのか…。また、仕事をしている中で多くの人と出会いますので、いろんな人とワイオを話していける場でもあるんです。けれども、今までのあり方とこれからのあり方を、どう仕事の中でうまくしていけばいいのかなと、今、気持ちの中ですごく揺れています。どのようにこの状態を乗り切っていけばいいか？　祖の時代での努力の仕方が今までだったんですが、これから何か違うような気がするんです。新しいことを何か試みた方がいいのでしょうか？

御魂様、お話しください。

上魂

はい。さすが…さすがは明確にこの時代の変化をとらえております。私は高い所を見ております。なぜなら、多くの民人を責任ある地位で指導してまいりました。それゆえ、時代の変化というものをしっかりと見据え、その時代の変化に合わせて生きていかねばならないという、大きな役割を、常に、常に感じております。もはや、あなたが戦ってきた世界は、間もなく終わりがきます。私からのその信号を、あなたは必死で受けとめようと、日々、努力している様子もよ〜くみております。さらに言うならば、大きく道が分かれている岐路に立っているということです。これからあなたが選択していく右側の道、もう一つは、今まであなたが全身全霊をかけて培ってきた従来の道、あなたはどちらの道にいくか、分かっているはずです。どうですか？

Y

顕在意識では、あのう…もうその道に…潜在意識っていうんですかね…もう、今までのあり方の道に行こうと思っても、行けなくなっているんですね。だけれども、感情は、社員もいますし、やはりまだその道を続行せねばならない表面の意識が戦っています。だから苦しいんですね。だけど、自分の中では違うだろうと、もう、その声が聞こえて仕方がない…。

魂　それが私の声です。あなたに、いつも、いつも訴えている私の声です。あなたは今、大変な岐路に立っているのです。もし、今までの道を、更なる努力を、と、ムチ打つような状態ならば、あなたはあなただけではなく、あなたと働いてきた社員、その者たちの首も絞めることになりますよ。それは、誰に言われるまでもなく、あなたが一番知っていることです。そして、あなたについて来てくれた人を守るためにも、今ここで大きく軌道修正をしていかなければならない時を迎えました。分かりますか？

Y　分かります。でも、それを、どういうふうに、どのタイミングでやるかっていうのが、非常にこう…難しくて。何か大きなアクシデントとか、衝撃的なことがあれば方向転換できるけど、胸にそれを秘めて決断するっていうタイミングっていうものが、非常に難しくて。どこでそういうふうに方向転換したらいいんだろうっていうところが、今、自分の中で難しいんです。

魂　では、その時期がいつか、という具体的な話をしても、あなたは受け入れますか？

Y　受け入れたいと思います。

魂　分かりました。九月です。

Y　今年の九月ですか？

魂　そうです。

Y　それはどういう形で、今あるべき姿をどんなふうに…。

魂　あなたが望んだように、すべて止まります。今、流れているものが止まります。それが九月です。あなたの御魂は、ず〜っと、ず〜っと、あなたと交信をしてまいりました。ここに、その前に、このようなチャンスを頂いたこと、私は今、感謝でいっぱいです。なぜなら、このことに気づかなければ、あなたは両腕をちぎられたような、悲しくつらく、苦しいことに追い込まれていくところでした。しかし今、ここで気づいたならば、今からその準備に入るべき余裕があります。

（ここで周囲がうるさくなり、一旦中断）

魂　今ここぞという時に、とても邪魔が入りますね。あなたをそうはさせないというエネルギーも、たくさん、たくさん来ております。それだけあなたには大きな役割があるということですよ。先ほども、神から、見えない世界からあなたに言ってくださったでしょ？

Y　はい。

魂　では今、気づかされたあなたに、どのような軌道修正をしていくか？　これから大切な話をしたいと思います。たくさんの人があなたのサロンに出入りしてきます。あなたは、そこで一人、一人に向けてその方の魂に届く記録を話されます。さらには、多くの方が集まった場所に出向き、ワイオの講師として、広く、広く世の中の人にこの理論を伝えていく、大きな役割を持ってこの地上にやって参りました。今あるあなたの店は、そのまま生かされるでしょう。内容が、祖から皇へ変わるだけです。ただし、道は大きく変わってまいります。この皇の道は、明確に大きな堂々たる道と言っていいでしょう。ただし、今までの道を突き進んでみるならば、その先のことは口に出せません。

Y　私は、自分の中で、今言ってくださった九月というのが、漠然となんですが、九月が一つの区切りっていうのを、ずっと前から知ってたんですね。九月のその区切りが、仕事もかなり崩れているっていうことの中に巻き込まれていくってことなのか、自分の中でも、その九月は、決別というか、一つの今までのあり方の決別、それが何かは分からないんですけど、九月だ、九月だというふうになっていたんです。で、今すごくそれがはっきり分かりました。ですけど、経営という今までの仕事、お客さまもいらっしゃいますので、このまま仕事をどういうふうに…辞める？　ということではないんですね？

魂　そうです。辞めろということは、今の私は口にはしません。決断は、あなたが自ずと迫られる時がきます。しかし、受け入れて行動していくのは夏からです。それだけははっきり言わせていただきます。さらに言うならば、あなたの意志が固ければ、後ろにいる武将の方々も、待っております。あなたをはじめ、あなたの社員を路頭に迷わせることは、わが名誉にかけても致さんと、いかほど多くの武将があなたのその志高きをかってくださっているか…。あとはあなたが決めてください。

Y　私の中で、今、お金というものがこう、どんどん手放すような状況になってきておりまして、来られているお客さまに大きなお金の貸借が出来たんです。それも何か大きなことなのに、人ごとのように、気持ちの中で苦しいんですけれど、あまり苦しいこともないという、一体どういうことなんだろうかと、すごく不思議に思っているんですが、私の中で九月か十月というような区切りをつけてくるんです。でも、大きな貸しをしているんですね。お客さまとして大きな上客だったんですが、やはりその人の幸せを願う自分もあるんですね。で、そういうものも…お金に対する概念とか観念が、やっぱりどんどん変わってき始めて、どうにも、やっぱり最後にはきっちり返してもらおうとか、形をとって…。

魂Y魂　いいえ。そのお金は戻ってきません。

そうなんですか…。

なぜならば、あなたが前世その方から借りて、返さぬまま終わってしまったお金だからです。しいて言うならば、その方がそのお金を持っていってくださったがゆえに、あなたは大きく軌道修正ができるというものです。その方からは返してもらおうと思わないことが、何よりのあなたの魂の記録に沿った生き方に入るということです。大きなお金かもしれません。しかしその事に執着してはまた大きく見誤ってくるというものです。今は悔しいかもしれませんが、九月を過ぎ、この年が終わる頃には、私が言っていることがよ～く分かってきます。あとはあなたの判断だけです。

Y　この方にもワイオをすごく伝えたいと思っているんですけど…。

魂　伝えてください。

Y　はい。

魂　必ずいい方向に流れていきます。ただし、その方に催促だけはしないでください。いいですか？　これだけ、これだけは約束してください。

Y　この方に催促、全然していないんです。また、催促しない私がいることも不思議なんです。だから、どうなってしまったんだろうかって…。何か傍観しているようなところがあって、自分は平静どおりに、こう…その人と接触している自分がいて、不思議でなりません。

魂　それが見えない力というものなのです。これがどういう意味か、年内には分かります。あなたが右の道を選んだならば…ですよ。そして、あなたのその能力…どうか魂の記録がごとく、己を生かしてください。

Y　はい。

魂　大きく、大きく展開が始まりますよ。

Y　今、丹羽神社に行っております。そこに、祖の力で非常に活躍された方がおいでなんですが、そこへお参りされる方の中にもワイオに来てくださる方がいらっしゃいまして、私がなぜ、いつもそういう神社に行くのかなあと不思議でならないんですけれども、それも何か意味があるんでしょうか？

魂　大いにありますよ。ただし、少しずつそこへ行く足が方向を変えていくようにはなっていきます。

Y　ということは、行かなくなっていくんですか？

魂　そうです。

Y　最近二、三カ月、あのう…何かが違う。集まる人たちも何かが違う…何かそう感じ始めているところだったんです。だけど、ぷつっと辞めるわけにもいかなくて、思いながらも自然に行かなくなるのを待ってみようと思っていたんですが、それがこの二、三カ月くらいで行かなくなるのかな…と、自分の中では思っていたんですが…。

魂　一つ提案があるのですが、よいですか？

Y　はい。

魂　ぴたっと行かなくなる手もあるのです。そして、なぜ行かなくなったのかというその理由を告げるのです。それも大きな軌道修正の一環でもあるのです。なぜ、このように私が力を入れて今のあなたに突きつけるのか…意味があるのですよ。

Y　はい。

魂　あなたの後ろにはたくさんの武将がいて、いつあなたに支援するか、待っているのです。分かりますか？

Ｙ　はい。

魂　では、上志満先生に伺ってもよろしいでしょうか？

上　はい。

魂　この者は、大きな役割として、講師、そしてその講師を育成するという役割を担っていく記録があります。

上　はい。

魂　どのようにその役をやっていけばよいのか？　ご指導をお願いします。

上　は…はい。う…ん、分かりました。

魂　これほど講師の役にぴったりの者は、そう真にはいません。どうぞよろしくお願いします。

上　分かりました。

Ｙ　あと一つだけなんですが、あのう…社団法人というものをつくろうという話があるんですね。それは、女性たちが世の中で輝くっていう、お金だけのことじゃなくて、生き方とか考え方とか、そういったものを財団でもっていろんな人に発信していく。そういうものをつくらないかという話なんですが、そういう財団をワイオを広めるツールにしてもいいんでしょうか？

魂　もちろんです。それは私が流したものでもあります。

Ｙ　すごく聡明な方がこれをつくりましょうって。弁護士の方を通して…。

魂　そうです。

Ｙ　言ってくださる話がありまして、まさしくそこで指揮、指導するような形のことを言われているんですけれども…このワイオの、こういう思いとか、気持ちとかを、そこに乗せていければ、多くの方に発信できるなあと、今、ふっと思ったんですが…それは、乗っかっていい話なんでしょうか？

魂　はい。いよいよあなたの王道が始まると、先ほども申しました。太く、真の道が待っているのです。あなたから、たくさんの講師が誕生していきます。

Ｙ　もう、ずっとそういうのをしたかったんです。

魂　そうですか。

皆　スゴイ…。

魂　やっとあなたと話ができて、今日は何よりも嬉しいです。

Ｙ　私も嬉しいです。本当にありがとうございます。

魂　これからですよ…一緒に手を合わせて、この日の本を変えていきましょう！

Ｙ　はい。

魂　よろしくお願いします。

Ｙ　よろしくお願いします。

◇Jさんの御魂様のお言葉　H22・7・6　篤姫

上　Jさんの御魂様ですか。

魂　そうです。

上　お話しください。

魂　今日は、よかったですね。楽しみに来た甲斐がありましたね。今、どんなことが聞きたいですか？

J　え～と、お札を書かせていただいているんですけれども、お札の書き方がそれで合っているかどうか、あの～心の入れ方が…。

魂　どうしても、思いというのが乗り切れていない状態です。形にとらわれることはないのですが、本来、思いがとても強いあなたです。その思いがきちっと的を射たものになれば、お札の効力を最大限に生かせていくでしょう。そして、願わくば、九日間、しっかりとやってみていただきたいと強く思います。

J　それは、あの～他多さんとか、そういう人の九日間でしょうか。

魂　はい、基本のものも含めてです。あなたの持っているその温かい心をしっかり乗せて、それをやってみてください。

J　はい、分かりました。

魂　今、苦しい心の内も必ずや晴れてくると思う。

J　素直に書いたらいいんですね。

魂　そうです。

J　それから、あの姉妹、女姉妹三人ですけども、ちょっとあの上の二人がギクシャクしてまして、一番上がちょっと病気なんですけども、その病気が治らないかと思いまして、そのお札を書かせていただいているんですけど、それも届いているでしょうか？

魂　一〇〇％は届いておりません。八〇％は届いておりますが、あとの二〇％は無理な力がかかってしまっております。

J　ああ、そうですか。

魂　無理な力というのは、何だか分かりますか？

J　自分の慾とかですか？

魂　執着です。執着が、乗らなくてもいいお札にまで乗ってしまっているということです。

J　心をきれいにした状態で書いたらいいですね！

魂　そうです。

J　はい。

魂　そして、お札を書くことによってその病気を治してほしいと願ってはなりません。なぜその病に侵されているのか、はっきりとした原因があるのです。原因ではなく、結果をこうしてほしいという執着心が、正しく働けなくなるようにしているということです。

Ｊ　では、どういうふうにしたらいいんですか？

魂　お札を書くということは、その方を苦しめているおおもとのエネルギーの方に、しっかりと乗っていただかなければなりません。そうでなければ、一〇〇％お札の持つ役割を果たすことができないということです。

Ｊ　あ、そうですか。

魂　病気を治す、治さないという意識にとらわれてはいませんか？

Ｊ　そうですね。それはあります。はい。

魂　そこに大きな落とし穴があるのです。

Ｊ　そうですか。

魂　お札で病気を治すということは、ある種のとらわれ、執着を引き起こす原因にもなっていくのです。なぜその方がその病に倒されなければならないのか、そのおおもとを見ていく必要があるということです。

Ｊ　どういうふうにしたら分かるんでしょうか？

魂　その方の魂はお調べになりましたか？

Ｊ　いいえ。

魂　まず、魂をしっかりと調べていただいてください。その後、その原因を探っていきたいと思います。そして、まずはあなたです。あなたがしっかりと魂の記録に向かうことをせずに、あなた以外の誰かのことを案じるということは、すでにとらわれに入ってしまいます。

J　あ、そうですか～。

魂　まずは、自分自身のことです。

J　はい、自分の魂を磨かんと、人のことはできない…。

魂　いいえ、そのようなことは言っておりません。まずは、自分の中に、何が役割としてあるのかを知らなければならないということです。それが第一優先になりますよということを申しております。

J　分かりました。

魂　まず、あなた自身があなたの奥深く入っている因縁、これをお札にて浄化していくことです。

J　あ、そうですか…。

魂　そうすることで、明確に今やるべきことが分かってきます。

J　はい、分かりました。

魂　ただ、あなたは前世において、かけこみ寺を運営なさっておりました。

J　あ～そうなんですか…。

魂　はい。多くの迷える、さまよう民人を、あなたはたくさんの民人を抱えて、あなたなりに苦しむ日々でした。なぜなら、あなたは思いが強く、抱えきれない多くの人を受け入れてしまって、そこから新たな苦しみをたくさん受けてしまった心の傷があるからです。しかし、その半面、あなたに助けられた人は数多くおられました。…では今世、あなたは何をすべき役割を担っていると思いますか？

J　このワイオのお話をみんなに知ってもらって、幸せになってもらいたいと思います。

魂　そうです。そこで、その方に伝えるときに、まずはその方の魂に聞かせてあげてください。

J　ああ、そうですか…。

魂　それを言葉に出してください。そうすることで、魂の記録にある方は、必ずこのワイオに耳を傾けてくれます。

J　魂に話しかけるって、どういうふうに話しかけたらいいですか？

魂　あなたの魂にこの理論を聞かせてやってほしいということだけです。

J　はい。

魂　その言葉だけで、他には何もいらないといってもいいほどですよ。

J　はい、分かりました。

魂　あなたがそのように思う人ならば、あなたが過去世で関わった方です。あなたがそう思わなければ、そうではありません。そこを、自信を持って行動してみてください。

J　はい、それからお聞きしたいのですが、某宗教の先祖供養なんですが、ずっとそれをしていたんですが、このワイオのお話をさせていただいて、バチがあたるとか、そんなことないですか？

魂　ありません。そのお経をあげていても、あなたの自己満足だけですよ。

J　そうですか…。

魂　はい、先祖の魂はすでに安らかになっておられます。願わくば、今一度だけ書いていただければ、それで先祖の方々は十分、あなたに感謝し、安らかになっていきます。

J　何を書いたらいいんでしょうか？

魂　あなたの先祖にかかわる方々です。お札に今一度だけのせてあげてください。今も、深々とその言葉を聞き、頭を下げていらっしゃるご先祖の方々が何人もここにきております。

J　そうですか…ありがとうございます。

魂　その書き方は教えていただいてください。

J　はい、分かりました。それも九日間…私の他多さんとか。

魂　まずは、ご先祖の方を先にやらせていただいて、それからあなたのことをやってください。

J　あ、そうですか…はい。

魂　あなたの周りには待っている方が七人そろっていますよ。

J　そうですか。

魂　今か今かと待っている御魂が、今見えております。

J　あ～そうですか…。

魂　できるだけ早く、その方たちに届けてください。

Ｊ　はい。子どもたちのことはもう放っといたらいいですか？

魂　しっかりと、しっかりと生きていこうという魂が見えております。

Ｊ　はい、そうですか。

魂　何もあなたは心配することは何一つありません。あなたはあなたのことだけ、あなたのことだけやってください。

Ｊ　はい、分かりました。

魂　他は大丈夫ですか？

Ｊ　はい、そうですね…それだけです。前世の尼さんたち…あのう、一緒につくった人が、そのワイオの方に待ってるということでしょうか？

魂　そうです。そのとおりです。まずは、あなたの身近にあなたが魂込めて救った方が七名いらっしゃるということです。

Ｊ　あ〜そうですか。女の方でしょうか。

魂　全員女の方です。

Ｊ　はい、分かりました。それならそのようにさせていただきます。ありがとうございます。

魂　ここで、私とこのような話をしたと、少しだけ付け加えてください。きっと、分かってくれるはずです。

J　はい、分かりました。どうもありがとうございました。

魂　ありがとうございました。

◇Wさんの御魂様のお言葉　H22・7・6　篤姫

上　Wさんの御魂様ですか？

魂　はい。

上　お話しください。

魂　この日をどれだけ待ちわびておりましたか。

あなたは今、とても大きく悩んでいることがあります。私には痛いほど、それが届いております。どうぞ思いを全部打ち明けてください。何の遠慮も要りません。出さなければ何事もあなたらしく生きることはできないんです。

W　よろしいでしょうか？

魂　どうぞ。

W　平成二十一年の六月に急に腰が痛くなって、歩けないくらいの痛みが出て、仕事を失ってしまったんです。その後もよくないことばかり起こって、自分自身が嫌になるほどなんですね…いつまでこの苦しみを味わわされるんでしょうか？

魂　今あなたは、どう感じていますか？　そのことも素直に口に出してください。

W　病気があって通院しているんですけど、その苦しみだけではなく、経済面とか、仕事とか、自分の計画を立てるということとか、すべてがうまくいかなくて、どうしようもない状態なんですね。中国銀行の試験を何回か受けていますが、合格せず、仕事も見つからず…。近いうちに、また中国銀行の試験を受けることになっているんですが、なかなか勉強がはかどらない…。歯がゆい状態なんです。この苦しみを早くとってほしいという思いが高まっているんです。

魂　あなたのお母さんが、とても強い信号をあなたに送っています。お分かりですか？

W　いえ、分からない状態です。

魂　強く、強く、あなたに今、エネルギーを送っています。

W　そのエネルギーのせいで、腰が痛いのですか？

魂　そうです。

W　その関節の痛みとか、腕の痛みとか…。

魂　そうです。

W　頭の痛みとか…。

魂　そうです。お母さんの苦しみです。あなたに会いたくて、会いたくて…。そのお母さんからのエネルギーが、渦のようにあなたを取り巻いています。今できることは、そのお母さんの思いを断ち切ることです。ただし、むやみに断ち切るということではなく、しっかりと光に乗せてあげてください。今は苦しくて、苦しくて…息もできないほど、苦しい状態にあります。上志満先生、どうしたらいいか考えてください。

上　はい。分かりました。

魂　その苦しみが続く限り、あなたが今、恐れているさまざまな悩みや苦しみはこの先も続きます。まずは、そのお母さんを楽にしてあげることです。

上　今までお札で供養はしていると思いますが…。

魂　足りないのです。少しあなたの思いが…足りないのです。そして何よりも、この尊い理論に出合いながら、あなたはそれをどこかで受け入れていない…(涙)。どこかで跳ね返してしまっている…。もっともっと、心で感じてください(涙)。私は…あなたを誰よりも、誰よりもよく知っています。お札も使ってくれていることは、私が誰よりも知っています。しかし、心が入っていない。心が…(涙)。心がまだどこかで受け入れていないものがある…(涙)。そうではありませんか?

W　いろいろな悩みが固まって、考えがつかないんです…。

魂　そうなんです…。そこが一番大きな問題なのです。

W　それを、自分自身ではどうにもならないんでしょうか?　体の痛みが来たり、苦しみが来たり…何もかも失うことが多くて、自分が思っている計画もできない状態なんです。

魂　毎日、よ〜くあなたを見ていますので、よ〜く分かっております。しかし、すべての物事に原因があるということを分かってください。大本《おおもと》のエネルギーをしっかりとらえ、そこを見ていかなければ、そこから関わってくるありとあらゆる事柄は、延々と続いてしまいます。

W　そのエネルギーが多すぎて、私には受けとめられません。

魂　受けとめられなくてもいいのです。あなたは受けとめようとしてしまっているのです。自分の力で何とかしなければいけないと思う堂々巡りが、あなたの心にふたをしてしまっているのです。あなたの心のふたを開けるのです。

W　それがなかなか開けられないんです…どうすれば…。

魂　言いにくいことなのですが、お札は今以上にやれますか？

W　いいえ、そんなにやれないです。

魂　それでは…私から先生にお願いをします。今、そのあなたを取り巻くエネルギーを正しい所に持っていってあげることができるのは、お札しかありません。

W　はい…。

魂　上志満先生…。

上　はい。

魂　お札を九日間やりたいのですが、考えていただけますか？

上　分かりました。

魂　今の経済では、この人にはとても無理です。しかし、それをやらなければこの先、何の解決にもなりません。

上　はい。

魂　今までやったお札では、とても九層とかには至っておりません。

上　はい。

魂　今も、あなたを渦巻くエネルギーはこの部屋に入りきれない程、渦巻いております。それを一つずつ、一つずつ…穏やかなエネルギーにしてくれるのは、正しく導かれたお札以外にはないのです。お願い致します。

上　それも大きくあるのですが、Wさんの先祖に関わるエネルギーの方ですか？

魂　取り巻くエネルギーとは、他からくるものもあるのです。

上　その、他からというのを教えていただけますか？

魂　ここの土地です。

上　ここの本人の住所ですか？

魂　そうです。多くの血が流れた所です。それはそれは、数えきれない程です。そこ…やっていただかなければ、今の苦しい状況は、絶え間なく、絶え間なく、押し寄せてきます。間に合いません…。分かっていただけましたでしょうか？

上　はい。

魂　遠いある日、ふいをつかれて殺された人がたくさん、たくさん葬られた所です。どうぞこの者を救ってください。

上　はい、分かりました。

魂　お願いします。他に聞くことはないですか？

W　あのう…中国銀行に試験があって、帰りたいんですね。

魂　必要ありません。そこに行く必要性がなくなるのです。そこにとらわれてはいけません。大丈夫です。あなたを取り巻いているさまざまなエネルギーが正しくなされてくれれば、あなたの神々様があなたを守ると言ってくださっています。今少しの間でいいですから、その思いを横に置いてください。そして心を軽くしてください。それが、あなたが今やらなければならない、最大の役割です。

W　でも…仕事がないと生活が…兄弟にも言われるので…。

魂　今、ほんの少しだけでいいです。間もなく私が言っていることが分かってくる時がきますので、ほんの少しの間だけ、私と約束してください。できますか？

W　できるって言われたら、できるっていう言葉が出ないんですけど…やれる…？

魂　心配をしないというだけでいいんです。

W　心配をしなくてもいいって言われても、何も…どうしてもそこが頭に残ってしまうんです。

魂　頭から切り離すようにだけ、努力してください。

W　はい。
魂　それでいいです。
W　はい。分かりました。やってみます。
魂　今日は本当にありがとうございました。
W　こちらこそ、ありがとうございました。

◇Bさんの御魂様のお言葉　H22・7・6　篤姫

上　Bさんの御魂さんですか？
魂　はい。
上　お話しください。
魂　はい。待ってたのよね〜。すごく、すごく、すごく待ってた！　あなたに言いたくて、言いたくて…何が言いたいか分かりますか？
B　はい。
魂　少しは私の思いに気づいているはずです。
B　はい。
魂　言ってみて！　私がどんな思いでいたのか、言ってみてください。今日は、一方的な私の話をしようとは思っていません。しっかりと納得できる会話をしたいと、楽しみにしていました。どんなことでもいいんです。話さなければ会話は成り立ちません。悩んでいることと、思い詰めていること、全部吐き出しなさい。

B　頭の中では、先々ワイオに対して大切な役目があると思いながら、今、現状のプライベートな面で心に迷い、自分でもどうしていいか分からず、御魂さんと会話しようと思ってもやっぱり心がそれてしまい、避けているように自分で思っていました。

魂　そのとおりですね。少しも私と向き合うということができていない。それどころか、どんどんあなたは私の想いから離れていってしまっています。なぜですか？　なぜ近づいてくるのではなく、離れていってしまうのですか？

B　自分が思うには、別に考えなくてもいいのに先々の不安が…不安ですね。

魂　あなたは今、この尊き理論に出合っていながらも、どっぷりと今の環境のエネルギーの中に自らを差し向けている。それ故、私の声が何も届かない。届くどころではなく、何も感じない所まであなたは遠くに行ってしまっている。あなたと私の間に入ってくるこのエネルギーは…なぜなのか？　ここはあなたがいる所ではない。ここにいたらあなたはどんどん私から離れてしまい、もう手が届かない所に行ってしまう。できるならば、今いるここを引っ越すことは可能ですか？

B　可能なことは可能です。今いる所なんでしょうか？

魂　そうです。今いる所ここ、とてつもなくうごめいている黒い塊…。この悪のエネルギーが私とあなたを引き裂いている。ここにいてはダメです。何人もいます。ここを出なければいけない人が…。

B　ということは、原因は場所であって、私は周りの人間関係が御魂さんと離しているわけではないんですか？

魂　すべてまとわりつくエネルギーです。すべてはそこから発信しているものです。こう言えば分かるでしょう？

B　もう一つお聞きしたいんですけども…神様は、私の身体を使ってお言葉を出すことを魂職とされていますでしょうか？

魂　今はあなたがあなたらしく生きていないので、魂の記録は出ません。魂の記録というのは、簡単にこうですというふうにはなってはおりません。分かりやすく言えば、巻物のように、あなたが生まれてきた時から、もっと分かりやすく言えば、過去世からのことがすべて書かれている。それが少しずつ少しずつ見えてくる…なぜ見えてくるかというと、あなたがあなたらしく生き生きと楽しそうに生きていれば書かれてあることが見えやすくなってくるからです。あなたが自分を押し殺す所に行き、やってはいけないことをやっていたら、魂の記録など分かるはずもありません。そうやって人は苦しむのですね…自分を楽に楽しく生きることですよ。

尊きこと、教えてくれているこの尊き理論に出合いながら、そうではない方向に自分の足を進めてしまう。それはなぜ？　なぜそのようなことが（涙）起きてしまうかというと、あなたがいる場所…多くの祖のエネルギーが、ここぞとばかりに吹き出している場所。そこに身を置くならば、理論から遠ざけられてしまうのです。それは、ことごとくあなたが幸せになることを望んでいない。世の中にもそのような場所が何カ所もあるのですよ。本来ならば、あなたは今のあなたでいられるはずがなかった。しかし、あなたが今言った、あなたにしっかりとついてくださっている神の力のおかげと、尊きお札の力で、今、こうしていることができているのです。私はこのことが分かっていたから、あなたにそれを伝えたくて、伝えたくて…（涙）ずっと、ずっと、ずっと…この日を待っていました。

魂B　ありがとうございます。

B　もう一つ言うならば、私は伝えるだけ。強引にあなたを連れていくことはできない。あと、あなたが今日、私と会話したこと、このことをどのように受けとめ、この理論でどう自分が生きるかを、よ～く考えてください。そして、その方との人間関係を創り上げていくということも、あなたにとって、とても大切ということを心に入れておいてください。それから、どうしたらそれが成されるか、よ～く考え、あなたを心配しているこの先生に、もう一度きちんと尋ねてください。お願い致します。

B　はい。ありがとうございます。それと、住む場所なんですけれども、今住んでいる所は確かに古くて、いろんな人がいるので、御魂様のおっしゃっていることがすごく分かりまし

魂　た。ただ、新しい所へ住むにしても、私はまだ感じられないし…。それを相談しなさいと言いました。

B　上志満先生に？

魂　そうです。誰よりも今、あなたが頼っていい人ですよ。

B　はい、ありがとうございます。

魂　そうすることで、多くの新しい出合いが始まります。そして、あなたらしく生きる、その生き方が待っています。これを言えて、私は今日、最高の喜びです。今日は本当に、待ちに待った日…ありがとうございました。

B　ありがとうございました。

魂　先生、どうぞよろしく指導してください。

上　はい、分かりました。

魂　お願い致します。

◇Tさんの御魂さん　H22・6　篤姫

T　私は今、すごく不安です。大好きな仕事はずっとやれているのですが、何かが不安で、落ち着かなくて、自分自身が見えなくなってきています。カットをやっていても、あまり幸せじゃなくなってきています。

今日は、私がここに来るように指し向けました。もう、顕在のあなたは、限界状態に入っているのを、私はかなり前から感じておりました。大きな大きな、広い広い海原が見えます。小高い丘の上、そこであなたは三歳くらいの女の子を遊ばせています。男の子のような、活発なその子は、天真爛漫に大自然の大地からエネルギーをこよなく受け取り、後の歴史をつくった天障院篤姫です。あなたがこよなく愛し、生きる道を一つずつ、一つずつ大自然から学ばせ、人として大きくこの日の本の役に立つ時代を引っ張っていく大きな志を持つ人間に育ちなされと愛情をかけ、いずれこの子は大きく私のもとから離れていき、世の中に出ていくと分かっていても…徳川家に嫁いでいく、その後ろ姿を遠く陰から…どれほどつらい思いを断ち切り、篤姫を見送ったか…。

その私が、なぜ今世、振り回される生涯を送らなければならぬのか？　私は、あなたに気づいてほしくて、何度も何度も力の限り、声の続く限り、交信を何度も試みました。しかし、あなたは気づいてくれません。あの土地に眠る無成仏霊こそ、あなたを見えない所から守り、今日まで、あなただけではなく、あなたにまつわるすべてのものにエネルギーをかけ、導いてきてくださったのです。やっと、成仏させていただけたのです。すべては、あなたの奥深く入っている、強くたくましく生きる母の願い。今ここで、私と限りなく手を組み、あなたを待っている人たちの、真の幸せとは何かを訴えていくこの理論に出合いながらも、何一つ行動を起こしていない。そのことを詫びて、やるべきことをやって…その生き方に入ってください。私が、篤姫に交信して、今日のこの日を設定しました。あなたは、あなたらしく生きなければ、今世生きられない運命を持ち、この世に来ました。どうぞ今日は、自分をしっかり見つめて帰ってください。

T　ありがとうございました…（涙）。

魂　今、あなたを取り巻く人たちの三分の二は、あなたにとってマイナスのエネルギーを放つ人たちばかり。しっかりと自分の心に向き合い、これから先、何をどのように進めていくか、しっかりと私の声に耳を傾けてください。

T　はい。

魂　あなたは私の声をしっかりと聞ける存在として、そこにいます。

T　はい。

魂　ただ、あなたを取り巻く五人のエネルギーで遮られているだけ。その五人は、あなたが一番よく知っているはずです。その人たちと、再度、同じようなことで続けていくなら、私はあなたのそばを離れます。つらくてつらくて見ておれません。やらなければならないことが山のようにあるのに、あなたは違うところに…あなたの足は違う方向へ歩いていく。その姿をどれほどつらい思いで見ている私がいるか…。

T　はい。

魂　今日はこの話ができて、とっても嬉しい。いつあなたにこのことを話せるのかずっと心痛めておりました。どうか自分を大切に大切にもっと大切に扱ってください。

T　はい。

魂　あなたの代わりは誰もできない。これからは篤姫と手を取り合って、あの時にできなかった無念の思いを晴らしてください。心狂うほど、わが子のそばにいきたいと思ったあの時のあの切なさを、今誰にはばかることなくできる境遇にあるのです。

T　ありがとうございます。自分に正直に本当の自分になっていきます。ありがとうございました。

魂　あなたは今日、あなたの家に帰ったら、何かが変わっていることに気づくでしょう。その何かをしっかり心で受けとめ、新たなスタートを切ってください。

T　はい。苦しかった。本当に…（涙）。奥の、奥で誰にも言えない苦しさ、今分かってきたように思います。自分を愛おしくなります。

魂　あなたは、素晴らしい教育ができる能力を持ち合わせております。あなたが情熱をかけ、育て上げた天障院篤姫が、どれほどの偉業を成し遂げたか。すべてはあなたの母のお導きの賜物です。あなたは今自分に素直になり、自分を心で感じとることができる能力を授かっております。心の中をのぞくこともできる能力があります。あなたは今、普通の階段を六段上がった所から、周りの景色を見ています。しかし、そのうちの五段はあなたの力で上がっておりません。今一度その階段を降り、地に足を着け、そこの景色を見てください。

Ｔ　はい。

魂　初めて、自らで一段上がって見てください。

Ｔ　はい。

魂　あなたは六段目を知っています。一段上がれば、なぜ、ここまで上がってきたのか、よ～く分かるはず。それからが、あなたの本当の姿が出てきます。怖がらず、それをやってください。あなたが今やっていることは、あなたが思うだけ存分にやりなされ。ただ、それとは別に篤姫とは頻繁に会いなされ。魂を磨く最高の親子、これなくして新しい時代は始まりません。

Ｔ　分かりました。

魂　今日は来てくれてありがとう。

Ｔ　こちらこそ、ありがとう。本当に初めて自分の本心を口にできました。やっと自分のことを本来の目で、自分を見られるような気がします。

魂　今日からがスタートですね。

Ｔ　今日ここに来たのは本当の自分が会いに来たのだと、思います。

魂　そうです。そのとおりです。

Ｔ　ありがとうございます。

魂　ここからが、本当の今世の生き方。今まで生きた道、何一つ無駄はない。それをしっかりと心に入れ、これからの人生を歩いてください。

T　はい。

魂　今日は本当にありがとう。

T　私こそ、本当にありがとう。

◇Cさんの御魂さん　H22・7・8　篤姫

C　自分の過去世、今世の役割を知りたい。

魂　魂の位置は高い。感じたことはあったはず！　ある大名家の姫君。当時、女性は世に出られず、自分の思いがかなわぬ時代。しかし、この国を島国から大国にするにはどうしたらよいか、ひそかに考えていた。書物を読み、学んでいた。今世、それをしっかり表すには女性は無理だから、男性にと…。しかし、神が今世は女性だ！　と言われた。その時は意味が分からなかったが、このワイオ理論に出合い、自分の中で証明できた。今は時間がない生活を強いられているが、大切な学びをしなければならない時です。人はそれを縛り、他人様をも縛りつけていく。今、これを学ばせていただいている。あと少しでこの学びも終了する。あと少し、やっと心が躍るような日々に入っていくのを、今、とても強く感じさせてもらっている。遅れをとっていた新しき時代の創造が、間もなく、間もなく始まる。心して、心して、顕在のあなた！　今は何も分からないかもしれないが、日々時間に追われた目まぐるしい生活…。ずっと見ていました。

魂 C

今回は女性で生まれたこと、幸せに思っている。ただし、今は義父母のことがあるが…。なぜ、もっと深い所を知ろうとしないのか…。あまりにも今を生きている人間は、魂とかけ離れている。こんなにも自分らしくこの世の目的を果たせないことがつらいのに、そのことをみじんも感じようとしないのか。魂とかけ離れている今を生きている人間の姿、無念で仕方がない！　もっとしっかりとこの理論を学びなさい。

この世の生を受けた大きな役割、今にそれも切り捨てられる。今だけ浮わついていなさい。なぜ、女に生まれたか、間もなく分かる！　間もなく、間もなく分かる！　その時は、あなたから私に頭を下げてくる。覚えておいてください。この理論に出合えたことに感謝してほしい。私との約束！

あなたの周囲に三人いる。身内ではない他人！　この三人に、この理論を聞かせなさい。私が交信を送るので、行動を起こしなさい。入り口は何でもいい。まずは言葉で伝えよ。そして、その者たちの魂に聞かせよ。第一段階、この話を聞かせてくれる人に会わせること。生の声は、ここにいる上志満先生の生の話、まずはこの話ができる人に会わせる。神と約束している高い位置の御魂、それゆえ役割を果たさなければという宿命を持っている。まだ顕在には早いレベルの話だが、今言わねばならぬと…。篤姫が来てくださるのは、御魂にとって最高のチャンスだから、よ～く分かってください。

◇Dさんの御魂さん　H22・7・8　篤姫

D　自分のやりたい仕事のアロママッサージ、東洋医学、漢方、そして収益のこと、人との関わり合いについても助言をお願いします。

魂　大きく方向転換が見える。以前は動物たちのことを学び、卒業。今度は人間というものを学ぶために今の仕事にとりかかった。身体の仕組みから神経まで、取り巻くさまざまな手法、人間の有り様まで学んだ。

D　分からないけど、私の心が欲していたから…。

魂　そう！　そのとおり！　あなたの魂、今世生きとし生けるもの、すべての魂のあるものを学び、これからの大きな役割に生かすべき道を歩んできた。一日の時間、十年がごとくあなたは学びを得た。そして姉を助け、これから二人で本当の人間の幸せを求める生き方に入ります。高い、生きてきた志の目指すところ、だから最高の学問に、ワイオに出合えました。何物にも優れるこの理論！　しっかりと魂の記録に書いてあります。

D　先月から大分、変わってきました。今まで、仕事に石（ストーン）を使ってきたが、要らなくなりました。

魂　これを守ってくださっているのは、岩長比売様（人と人をつなげる役割）で、導く示す、このような能力をさらに上乗せした比売神様です。龍神様を琵琶湖で二度程、あなたに見せた。力を貸しています。

D　施術中、お客さまに震えが出ます。どうしたら良いですか？

魂　自分の力に執着しないこと。今導いてくださっている岩長比売様の力を借りてください。岩長比売様は生まれた時からず〜っと一緒です。苦しくなったらお願いしますと言って、その方の身体に向けて手をかざしてください。必要なエネルギーをその方に差し向けてください。そしてそれを感じてください。

D　感じます！

魂　これからしっかりと生き方を表現していく一歩なのです。そして後わずかすると、次第にアロマではなく本来の目的に変わっていくでしょう。

D　本来の目的？

魂　あなたのやるべきことは、アロマでも東洋医学でも何でもなく、魂の記録を引き出すエネルギーを送る役割です。

D　昔から人のお役に立ちたいと思っていました。そういう仕事ですか？

魂　役に立つとはどういうことか？

D　まず、身体を楽に…楽になると幸せ。

魂　あなたの魂職です。これからが大切！　宇宙の法則はあなたにも、あなたの所に来る方にも広く、そこにいる者すべてに降り注ぎます。そうなると、今まで人間を癒してくれる内容が変わってくるのです。分かりますか？

D　今はまだ具体的に分かりませんが、楽しみにしています。

魂　今、分かりましたということは、口先だけということが分かっています。だから、この理論を学び続けることです。

D　今、すごく疲れます…。仕事の後は…。

魂　いろいろな方が背負ってくる因縁を受けてしまう。先ほど言った意味、これからの新しい法則、誰かの因縁を取るか、取られるかというようなことのない生き方が待っています。どんなに高い魂を持っていても、この理論を学んでいかなければ、因縁を持ってきた者に奪われてしまう。この理論に出合わせてあげるという魂の記録が書いてある。

D　それから主人の仕事について、子ども、自分のことについては…。

魂　ご主人は、放っておいてください。生活は十分やっていけます。子どもも放っておいてください。生きていることだけ確認すればよい。何の心配も要りません。仕事は、楽しんでね！　一生懸命は駄目ですよ。あなたの周りに魂の言葉を聞かせたい人が七人います。その七人にあなたはかなり好かれています。その人たちにしっかりと、なぜ？　を――。そして、明確に原因と結果を教えてあげてください。

D　はい。分かりました。

魂　よろしくお願いします。

D　ありがとうございました。

◇Mさんの御霊様《みたま》　H22・9・30　篤姫

岡　Mさんの御霊様ですか？
靈　はい。
岡　お話しお願い致します。
靈　話したくありません。
岡　姪御《めいご》さんが、とても心配してらっしゃるのですが、お話しうかがえませんか？
霊　このようなことをしてしまった私が、あの子に何を話せというのですか。
岡　成仏なさってないことまでは感じられるそうです。理由が分かればと！　そして何かできることがあればと……。
霊　命を終わりにした私に成仏などあり得るわけがない。それは誰に言われずとも分かっています。苦しくて、寒くて、言いようのない悔しさがこみ上げてきて到底、生きている人には、到底分かっていただけることではありません。
岡　今回、姪御さんのHさんが、上志満先生とご縁が出来たということはワイオ理論、ワイオではその苦しい状況を救えるという理論なのですそれで、ご縁が出来て、いま篤姫がお言葉を…ということになったのです。ぜひ、お話しいただけませんか？
霊　それは分かっています。それが分かっている故、この方の元に来たのです。
岡　はい。

霊　私は、時代が分かっていました。間もなく終わる身であるならば、それが少し早まっただけ、希望も楽しさも、すべて消えてしまった。この先、生きろといわれることは何よりの苦しみ、生きていても何の、何の楽しみも喜びも得られない日々なら自分の手でこの世を終わりにしてしまってどこが悪いのですか！　自分が決めてこの世に出てきたなら自分が決めて終わりにして何が悪いのですか？　幸せいっぱいで生きている人には、私の気持ちなど、到底理解はできません。しかし、間もなくであるのなら待てばよかったと後悔もしてます。いま、あの子が巡り合った、あなたさまがいまおっしゃってくださったその理論、もう少し早く、その理論が私に届いていたら、このようなことはしなかったと思います。私のような方はたくさん、たくさんいらっしゃると思います。

岡　はい。

霊　どうか早く、少しでも早く、私のような者を助けてやってください！　胸が…。

岡　苦しいのですね。私には到底、Mさんの気持ちが分かる訳はないのですが、ワイオはお札で生きている人も、亡くなった方も救えるんです。そのつらさをお札で送らせていただきたいのですが……。

霊　お願いします。

岡　はい。何枚お札を書けばよろしいですか？

霊　よくは分かりません、やってください。

岡　分かりました。お札を書かせていただいて、たかせていただいた後、どのような思いをうかがわせてください。
霊　分かりました。お願い致します。
岡　はい、では、後ほど。
（お札にMさんの名前を書き、安心して成仏してくださいと言葉をかけました）
岡　お札を一枚たかせていただきました。今、どんな思いでいらっしゃいますか？
霊　胸の苦しみはなくなりました。
岡　あ～よかった！　はい、よかったです！
霊　あんなに寒くて、身体中が氷のように寒かったのが、太陽が出てきて身体全体を包んでくれるような温かさを感じます。
岡　はい。
霊　ここは、天国なのでしょうか？　呼吸は楽だし、身体も温かいし、緑がきれい！　きれいなお花も咲いている。
岡　気持ちが安らかになられたんですね。
霊　人がみな穏やかで、みんなが、私を迎えてくれている。これがお札の威力なのですか？
岡　そうです。はい、そうです。
霊　これが、ワイオ理論を知るということなのですか？

岡　はい。

霊　ならば、あの子に伝えてください。

岡　はい、分かりました。

霊　あの子は人を助けるためこの世に生まれてきました。大きな、大きなショックなことがあり、そこからその力を引き出されました。

岡　はい。

霊　しかし、このようなお札の威力の何万分の一の力しかありません。あの子がこのお札の威力を知ったら、必ずやこの理論で多くの人を助ける使命に燃えるはずです。あの子にこの現状を伝えてください。

岡　はい、お伝え致します。

霊　お願い申し上げます。

岡　ありがとうございました。

（Mさんの御霊様はず〜っと涙ながらに話されていました。そしてお札をたく前は苦しそうなお顔でしたが、お札をたいた後は、本当に楽になられたようでした）

◇Yさんの御魂様　H22・9・30　篤姫

魂　何からいきますか？

Y　そうですね。確認で、ここの仕事は私にとって意味があるんですよね？

魂　あなたは意味がないと思っていましたか？

Y　いや、思ってはいませんでした。

魂　誰でも最初から完ぺきにできることなどありません。練習してそれを積み重ねていけば同じようなレベルまではいきます。何一つ迷うことはありません。あなたが多くのエネルギーの方から交信を受け取っています。それはなぜか、考えたことがありますか？

Y　いいえ、私にもよくそれは分からないんですけど…。

魂　人は魂の記録を表現していく、という話はこの理論で聞いておりますね。

Y　はい。

魂　あなたの魂の記録に書いてあるのは、これから新しい時代を共に創造していきます。ということが書かれてあります。であるなら、あなたが交信を受け取り、その先のエネルギーの方の言葉を篤姫が出す、それが冊子を作っていく要素になるのではないですか。ということは、これからの新しい時代を共に創造していくということではありませんか。

Y　はい。

魂　そのために、あなたは多くのエネルギーからの交信を受け取るような身体を持ってこの世に生まれてきた。これほどすごいことはないではありませんか。もしあなたがいなかったらどうでしょう。多くの方はどこに持っていいか分からず、どんどん遅くなっていくとは思いませんか。

Y　はい、思います。

魂　あなたとあなたの娘、大きく貢献しているではありませんか。

Y　はい。

魂　とんでもなく新しい時代（皇）の創造ですよ。そうは思いませんか。あなたに交信してきた方の言葉が冊子になって、これから多くの書店に出回りますよ。今それを手掛けているのはここです。それが分かったら、ここで働くことに意味があるのかないのかとかいう話はおかしくないですか。

Y　はい、そうですね。

魂　さらには、多くの人がここで働きたく願ってもいることなのですよ。同じ働くならば、ワイオの仲間と関わって理論を証明するお手伝いをしたいと思っている人は何人もいます。声をかけていただいただけでも、とても素晴らしいことではないですか。今は、来るべきものが来ない（直下型地震を含む天変地異が必要あって起こるということ）と、そういう言葉が飛び交っています。しかし間違いなく天変地異は来ますよ。来なければ何もかもが新しく始まれないのです。ただ、来ると言われた日から、一カ月以上は過ぎてしまいました。なぜ、過ぎたのか分かりますか？

Y　セミナーで聞いたようなことですよね。

魂　では、どのようにあなたの頭に入っているか言葉に出していただけますか。

Y　皇の魂を持った大切な人を巻き込みたくないことが一つ、後は他の方に邪魔をされてしまった、というふうにうかがっています。

魂　一つの物事を成すためには要素が三つあるとお聞きしました。一つ抜けていますね。大切なことが抜けております。

Y　神界の方々の気持ち…？

魂　あとの一つ、ここにいる数人のスタッフの気持ちを一つにする時間が必要だったのです。この三つの要素がすべてクリアされた時に天変地異は始まります。日本はもとより、世界中を動かすこの理論の拠点となる発祥の中心となるのはここです。ここで働けるということは、どれほど大きな役割を意味しているのか。この三つ、これがクリアした時に起こります。皇の御魂を発見したということは、そこに、地震の震源地に、その御魂を動かすということですよ。その御魂を動かしたのは、世界中の神々です。今、世界は二百近くあると思いますが、いかがですか。ありますね。

Y　もっとじゃないでしょうか。

魂　私の感じる所では二百ぐらいです。この二百の国のその国を守る皇の神々が、ことごとく皇の御魂を送り込み、邪魔をしているのです。なぜ邪魔をしているのか？　それは、日本に先駆けてこのワイオ理論が降ろされたからです。したがって、世界中の神々には、日本が先駆けることに不服の念があるため、妨害を企てること、つまり、皇の御魂を動かすということになるのです。それにかける時間が必要だったのです。それほど大きな役目があなたにあるということですよ。

Y　えっ、私にですか？

魂　いつもいつも、A姫はあなたに感謝してますよ。あなたとあなたの娘にいつも感謝しています。共に創り上げてくれる人だといつも言ってくれています。私も時々A姫と話をするため、ここに来ます。私たちは、ある意味、運命共同体のようなものです。形は違いますが、ここにいる方たちもみな一緒です。魂の導きのもと、築いていくという覚悟を持った人たちが集まって来ています。ここのエネルギーはとても高いです。時々来たくはありませんか？

Y　あります。

魂　そうです。ここで働けるなんて私はすごく嬉しいです。何も迷うことなどありません。仕事はどんな仕事でも最初から思うようなスピードと、思うような内容のことはできません。それがあるから、進化というものがあるのです。

Y　ありがとうございます。

魂　他に聞くことはありますか？

Y　交信を受けやすい身体ということですよね。そうしますとけっこう、今っていろんな形であちこちが変だなぁ～って思うことがたくさんあるんですね。

魂　もう大丈夫です。あなたはその役目を果たすためにあるのです。そして共に新しい時代を創造していく仲間のために、そのために今世、生まれてきました。これ以上、何の迷いがあるのか私には分かりません。

Y　はい、分かりました。大丈夫です。

魂　他は？

Y　そうですね…あと、思っていても言えなかった消極的な自分、遠慮してしまう自分っていうのがどうしてもあって…それは気にしなくて、少しでもおかしかったらいってみるってことですよね。それをできるように私もならなくちゃいけないってことですよね。

魂　そうです。

Y　遠慮しちゃ駄目ってことですか？

魂　駄目です。

Y　はい…。

魂　なぜ遠慮するのか、私には分かるのですが…それは前世から持ってきたマイナスの記憶です。消してください。

Y　マイナスの記憶？

魂　前世から今世まで引きずってきたマイナスの記憶です。記録は消えました。しかし、記憶が消えていません。あなたの名前を書き、前世のマイナスの記憶としてお札を二枚、三日間、書いてください。きっと少しずつ遠慮がなくなってきます。とても言いたいことを言って傷ついた前世の暗い、つらい過去がありました。人前で多くの話をするという役割を担っていました。自分では良かれと思ってやってきたことが、しゃべり過ぎてしまった結果、ある人を傷つけてしまい、そこから自責の念にさいなまされました。さまざまなお札によって記録も記憶も書いていただきましたけど、人間のマイナスの記憶というのは簡単には消えないものです。まだまだあなたの中に残ってしまっていました。でも、そんなに強いマイナスの記憶ではありませんので、お札で消えると思います。どうぞやってみてください。言葉をかける時に、今、私が言ったことをかけてください。

魂Ｙ　はい。

あなたは、人前で話す仕事をしていました。良かれと思って話をしたことがついしゃべり過ぎてしまって、一人の人を大きく傷つけてしまったということを知りました。その方は、それがもとで家に閉じこもってしまったという話をのちに聞きました。そのことがどうしても私から離れず、今も恐さが残っている。「どうか、その恐さが残っているエネルギーの方々、このお札に乗って休まれてください」という言葉をしっかりかけてください。その中で、忘れてはならないこと、このワイオに出合わせていただいた感謝を忘れずに。なぜ、誰が、何のために、あなたをこのワイオにつなげたと思いますか？

Y　誰が？

魂　誰が、です。

Y　ご先祖様とかでなく、協力神様ですか？　御魂さん。

魂　ご先祖様です。ご先祖様の強い申し出があり、協力神がそれを受けてくださって御魂の私が導き、この理論に出合っています。それは、その方を癒すためでもあります。あなたがマイナスの記憶のまま人前で話したり人に遠慮してしまうということをなおも続けていけば、その方は決して成仏できないという結果になってしまいます。その方を成仏させてあげるためにも、このマイナスの記憶は消さなければならないのです。的を射た言葉をかけないと、なかなかマイナスの記憶は消えません。どうぞ、しっかりと今の言葉をかけてお札でやってみてください。お願いします。

Y　はい、分かりました。

魂　お願い致します。

Y　はい、ありがとうございます。

◇Oさんの御魂様　H22・10・1　篤姫

魂　今日はとことん話をしたいと思います。

O　よろしくお願いします。

魂　何をどのように話したらよいのか、質問形式でいきましょう。

O　はい。

魂　では、一番悩んでいることから言ってください。

O　去年の秋ごろから、手に水ぶくれのようなものが出来、病院に行きましたが、いっこうに治る気配がないのですが……。

魂　そのことには、しっかりした意味があるのです。あなたはこれまで多くの化学薬品を細胞内に入れてきました。多くの化学薬品は、体外に排泄されることなくあなたの細胞の中の中まで浸み渡り、本来の正しい細胞の正しい働きを弱めてしまっています。あなたは、かつてそのことに気づいたことはありませんよね。気づいたのはごく最近だと思います。長年、お薬を口にしてきました。身体の中に入った化学薬品は、どんどん蓄積され、容量がいっぱいになってくると、血管の中に入り、身体中を回ります。

今、あなたの手に出ているものは皮膚湿疹でもなければ、難病に入るような、そんなものでもありません。身体の中に蓄積された、決して、決して私たち人間には、要らないものなのです。どれだけ多くの薬品を口にしてきたか、細胞は悲鳴をあげていました。

今、世の中では、原因が分からぬという皮膚病も含めて、さまざまな現代病が生まれていますが、それは、人体にとって決して良くない働きをする化学薬品を排せつする作業が始まったのです。

もし、本当の真の病で出ているならば、体の体幹部に出てくるのが本来です。柔らかい所や、直射日光が常に当たって鍛えられている手などには出てきません。今の医学界は、その程度のものです。皮膚湿疹とかいう病名をつけられ、さらにその上に、猛毒・ステロイドなどは、決して使ってはなりません。そのようなものをつけていれば、人間の身体は抵抗力がなくなり、死へと導かれていくようなものなのですよ。

再三にわたり、見えない世界から「医薬品は一粒たりとも口に入れないでください」と言われてきております。にもかかわらず、どうしても西洋医学に頼ってしまうのは、心の弱さからです。

ここにきて、西洋医学、東洋医学も含め、医療は大きく様変わりします。現代病は、そのことを知らせようとしている症状です。これからの世は、原因と結果がしっかりと表に現れる時代です。原因なき結果はあり得ません。ただし、西洋医学においては、原因なき結果はあり得てしまう世界です。結果だけで病名をつけていくのが今の医療です。

人間はそのような簡単なものではありません。百三十八回も転生を繰り返して、今日があります。その転生を踏まえた輪廻の中で、計画をしっかりと組み込まれた設計図をもとに、転生はそれを具体化させていくというのが、輪廻転生の大きな意味でもあります。

今、やってはいけないことをやってしまった結果を放置しておけば、どのようなことが起きると思いますか？

命までも危うくなるのではないでしょうか？

魂O　そのとおりです。これから先、よくないと言われている医薬品を身体の中にどんどん入れている方は、このような言い方をすれば申し訳ないのですが、新しい時代を生きることはできません。たとえ魂の記録に書かれてあっても、生きることは難しくなります。

魂の記録、魂の記録と、あなたは何度も聞いてきたでしょう。では、魂の記録にあることは何もしなくてもそのようにいくと思っていましたか？

私も行動して…。

魂O　もっと簡単に表現してください。書かれていることを行動に移さなければ、たとえ何が書かれていようと、そのようになるのは難しいということです。あなたの魂の記録は百五十、いくつまで生きると書かれていますか？　何もしなくても生きるかとお思いになるかと思いますが、それは違います。魂の記録に書かれていることを行動に移していかなければ、魂の記録など意味がないということになります。もしそうであるならば、この先大きな世界を揺るがす大きな大変革が待っています。その時に巻き込むエネルギーに負けてしまうという可能性があるのですよ。

今、この理論に出合い、一人でも多くの周りの方に伝えてあげてくださいと言われています。一人でも周りの方にこの理論を届けてくださいと言っている御魂の声を、あなたはどのように感じますか？

Ｏ　届けなきゃいけないと思っているのに、あっという間に月日が経ってしまい、躊躇《ちゅうちょ》していました。

魂　なぜ、躊躇するか分かりますか？　それにも原因と結果があるのです。この世の中、すべてと言っていいほど、原因と結果があるのです。なぜ、気持ちがあっても周りの大好きな方や大切な方にこの理論が届けられないか、原因があるのです。その原因は何だと思いますか？

Ｏ　私の心…。

魂　これまでにつちかってしまった見栄や体裁です。

Ｏ　素直さがないということでしょうか？

魂　素直さがあるから、あなたはこの理論に巡り合ったのです。素直さは人一倍あります。人からこんなふうに見られては嫌、こんなふうに思われたら嫌、そういう気持ちが強く働いています。では、その方たちがあなたを幸せにしてくれますか？

Ｏ　いえ。してくれません。

魂　あなたを命がけで守ってくれますか？

Ｏ　いえ。守ってくれません。

魂　だったら、その方々にどう思われようとも、どう見られようとも、よいのではないですか？

Ｏ　そうですね…。

魂　たとえ変に見られようと、痛くもかゆくもないはずです。周りの方の中にいる私のように、御魂はとても苦しんでいます。いつになったら魂の記録に書いてあることが知れるのか、大きく言うと、その記録は生きる道しるべなのですよ。

О　この夏の暑さで、夜になると特に息苦しくて、苦しくて寝れなくて、何度も目が覚めました。血圧の薬を止めることができたのですが、苦しい日々が続きまして…。それは、何か意味があることだったのでしょうか？

魂　はい。それは前世からの交信です。あなたの前世は何をしていた人か？　あなたの前世は脳科学者ですよ。学問を究めてきました。しかし、学問では現世の人間を幸せにできぬと、限界も知りました。

О　多くのことを学び、それを学会にて発表もしてきました。多くの言葉のエネルギーも使ってきました。あなたは前世、何のためにその仕事をしてきたか、分かりますか？

魂　周りの人を助けるためでしょうか？

О　周りではありません。そんな小さく萎縮させるような言葉は止めてください。あなたにはA姫と同じ血が流れています。

魂　ありがとうございます。

О　二人は、違う方面から世の中を救っていこうと誓い合いました。それなのに、あなたは何一つ己の役割をできずにいて、苦しくて苦しくて、どうにもならなくなっています。

あなたは、講師として、この理論を一人でも多くの人に伝えていく役目を持ってこの地上に生まれてきました。その役目も果たそうとしていない日々、苦しくて、苦しくて、寝られようもありません。当たり前です。人は魂の記録に書かれていることを表現しなければ、とても苦しい道を歩く結果になります。ですから、多くの人にこれを伝える使命があるのです。よく思われないとか、悪く思われたらどうしようとか、そんな小さな世界の話ではないのです。

どうか、私とこのような会話をしたことを、心の奥にしっかりと入れてください。

あなたはもともと、物事を順序立ててきちんと多くの人の前で話をする能力は授かっています。あとは今世の使命を果たすのみです。

ありがとうございます。

魂O　今日はこのことをはっきりとあなたに言えて、とてもすがすがしい思いでいます。この理論を、これからの日本はもとより、世界中の国々に広めていかなければならない拠点となる所がここですよ。

意味があることなんですね？

魂O　ここに来れば、すべてがあなたの御魂の記録を表現させられる世界です。多くの者たちがここで働くことを希望する日が間もなくきます。その前にここにいられることの幸せは、言葉に表しようがない程です。

Ｏ　ありがとうございます。

魂　どうか私とこの話をできた喜び、どうぞ何度も何度も読み返して心に深く入れてください。

Ｏ　ありがとうございます。

魂　他には何かありますか？

Ｏ　これから家族四人、息子たち、上が高校三年生、下が中学三年生です。どうなっていきますか？

魂　皇の時代に入れば、四人は四人とも、それぞれ別の生き方をします。

Ｏ　そうですか。

魂　もう誰かに頼ったり、誰かに遠慮したり、誰かの後ろで生きることはしないようになります。
それぞれがそれぞれの魂の役割を表現していく生き方に入ります。子どもは自分の所有物ではありません。子どもはあなたを選び、この地上に生まれてきました。では、なぜあなたを選んだのでしょうか？　二人の子をどのように思われますか？

Ｏ　魂の記録に書いてあるワイオとつながりがあるということでしょうか？

魂　そのことを一番優先させ、自分らしく生きていく姿を人に見せ、一人でも多くの人にこれからの生きていく価値をいち早く見せるためにあなたを選び、あなたの子として生まれてくることが最短の道と考え、二人はあなたの子となったのです。

それ故、男の子なのです。二人は講師の道に入ります。とても穏やかで、一つのことを集中して究めていこうとするエネルギーは、あなたそっくりです。

上の子と下の子は大きく性格が違います。それぞれ異なった役目となります。しかし、二人とも講師には変わりありません。そのため、多くの御魂からあなたを選びました。その道をつけてあげることは、あなたに課せられた役目でもあるのです。あなたがその役割を果たそうとしなければ、二人の子はこの世にいても仕方がないと思うほど真剣に考えるようになります。

O　はい。分かりました。

魂　しっかりと役目を果たすことに意識を向けてください。

O　ありがとうございます。私は専業主婦で、経済的に不安なんですが…。

魂　ここにいれば、大丈夫です。何も心配しなくていいです。安心して委ねてください。

O　はい。本当にありがとうございました。

☆　☆　☆

御魂さんの嘆き、嘉び、切なる願い、十四億年もの長い長い旅を続けて、今、ようやく地上天国、真の精心文明創造が、この地球上に実現可能となってきた。皇の時代創造への参加を意識している御魂さんたちは、地上天国創造のための唯一といっても過言ではない羅針盤となるワイオ理論と縁が出来るよう、顕在意識への働きかけを行っている。

しかし一方で、御魂さんの切なる願いもむなしく、ほとんどの顕在意識は御魂さんの思いを受けとめることができないでいる。今までの時代を生きてきた顕在意識は、これまでの常識と価値観で物事を判断する。

当然のことであるが、本書のそれぞれの御魂さんの言葉は、決して創作ではない。フィクションではないのだ。

繰り返しになるが、御魂さんが十四億年ものはるか昔、銀河のそれぞれの魂の故郷を旅立ち、つらい、苦しい、悲しい、寂しい体験を繰り返して、ようやく神としての仕事、役割ができる段階まで進化、成長したのである。

その御魂さんにとって、今世でのワイオ理論との出合いほど、胸熱く心躍る出合いはない。なぜなら、肉躰を持ったうえでの、苦しみに満ちたこの地上での役割が、ワイオ理論としっかりつながることによって、神としての役割を果たし、魂の父母の待つ故郷の星へ帰ることができるのが分かっているからである。

魂には、進化の段階がある。その段階は、地球界→宇宙界→根元界→無限界→奥次元界と、おのおの十段階に分かれているが、魂はその段階を一歩一歩上っていく。上っていく基準は、人間として歩くべき道、神に対する協力、神としての行為である。今までの祖の時代において、聖職者と言われている人々（司祭、宣教師、神主、僧侶）が早く上るとは言えない。

すべては、本当の幸匐に役立つのか、ということにかかっている。地上天国創造に真に役立つ行為であり、仕事であるのか？　ということである。この基準をもとに判断した時、ワイオ理論にしっかり関わっていくことが、いかに御魂さんにとって心躍ることなのかがよく理解できるのである。

ワイオ理論を今の世に送り出した小笠原慎吾先生が、段階の一番上の奥次元界に入り、この界の神々と力を合わせ、地上天国創造への準備をされておられる。ちなみに、祖の時代の教祖の方々（釈迦、イエス、マホメット、孔子）は根元界まで上っておられる。

また、すでに早くからワイオ理論に取り組んでいる方々も数段階上っておられる。高い段階に上ることで、イタズラに優越感を持つのではなく、自分の御魂が神としての役割を果たし、進化の目的を果たすこと。そして、そのことによって嘉び、満足して、魂の旅をいったん終わりにすること。いずれは魂の母の胸に抱かれてゆっくりと眠りたいとの思いでいることを、しっかりと顕在意識で受けとめていただきたい。

おわりに

ワイオ理論に関する本は、平成十二年に小笠原先生が『幸せの予約承ります』で初めて世に出されました。本の内容は、今までの常識を全面的に否定する内容であるが故に、出版を考えてから三年間という長い間、見えない祖の方々からのさまざまな妨害によって出版できずいたのです。

小笠原先生自身が、「この理論を普及することは世界一悪いことをやっていることである」と時々話されていました。

本の前書きには、「この本の内容を全面的に信じるな」と書かれています。それは、宗教書ではないから自ら実践して確認してみよ、という意味なのでしょう。

ワイオ理論の、祖の時代は検証できます。この移行期の変化も検証できます。検証して、確信して、人間としてやるべき皇の世の中の創造に参加することが、理論を学んだ目的なのです。実践とは、この目的に向かって行動することなのです。

小笠原先生存命中は、毎月数百人がセミナーに参加していました。しかし、先生亡きあと、参加者は三分の一ほどに少なくなってしまいました。驚くべきことに、この理論を宗教としてとらえていたのです。

悲しいかな、人間は五感で感じとれる結果が得られなければ、好奇心と期待だけでは長続きしません。

しかしようやく、ワイオ理論がその力を証明し、結果を出せる時が来たのです。今こそワイオ理論との縁を復活させていただきたい。ワイオがいかなる目的を持って今の世に出されたのかを今一度、心で、魂で、しっかりととらえ直していただきたいのです。

それは、今の世に理論を送り出した小笠原先生と、理論に必要な情報提供をしてくれた命様・ム様・ワイン様・ワソハ様・ワワハ様・絶対主様・言成様・神界の神々、仏界の菩薩様方々の切なる思い、願いです。そして、誰よりも自分自身の魂の必死の叫びなのです。この本がその思いを、願いを、叫びを届ける力になれば何よりの喜びです。

☆著者プロフィール

上志満 昌伯（かみしま しょうはく）

ワイオ理論講師、神道家、倫幸研究会代表
昭和20年、長野県松本市出身
40代から母の病気（緑内障）治癒を願って宗教の世界に入る。
真光、平和教、佐田神道に学び、平成９年ワイオ理論の小笠原慎吾先生に師事。
ワイオ理論講師のかたわら、各神業（天照神業、丹生都比売神業、龍宮神界開門神業、封印解除神業、光の柱建柱神業）、お金の器修復、御魂調べなどを行っている。

☆連絡先
倫幸研究会
TEL 049-293-5305
FAX 049-293-5306

ワイオ理論と神界

2011年２月21日　初版第１刷発行

著　者　上志満 昌伯
発行者　韮澤 潤一郎
発行所　株式会社 たま出版
〒160-0004 東京都新宿区四谷4－28－20
☎ 03-5369-3051（代表）
http://tamabook.com
振替　00130-5-94804
印刷所　株式会社 エーヴィスシステムズ

©Shohaku Kamishima　2011　Printed in Japan
ISBN978-4-8127-0318-2　C0011